지금은 맞는데
그때도 맞을까?

지금은 맞는데 그때도 맞을까?

일상 속에서 마주한 내면의 소리

김진호 지음

바른북스

안녕하세요. 살아가면서 마음의 안정을 위해 일기를 쓰다가

지금 느끼는 감정들을 시로 써보고 싶다는 생각을 해서

책을 한번 써보기로 했습니다.

회사 일을 하면서 책을 쓰는 건 쉬운 일은

아니었지만 오히려 나를 반성하게 되고

나를 한 단계 발전시켜 주는 일이었습니다.

책을 써야지 하고 쓰면 책은 써지지 않았고

책을 다 쓰고도 6개월 뒤 읽어보면 이게 정말 내가

쓴 글이 맞는가 싶어서 책의 반절 이상을 모두 지워

버리기를 2번 정도 했으며 글을 쓰다가도

삶에서 무게가 큰 여러 문제들이 생기면

글 쓰는 것을 잊어버리기도 하면서 한 자 한 자 써

내려갔습니다. 그리고 인생의 문제나 무게들은

오히려 책을 쓰는 데는 자양분이 되었으며 여러 문제에

대한 고찰과 선택해야 하는 시기마다 겪는

후회, 기쁨 등 여러 감정에 대한 이야기를 조금씩

그때그때 적고 하나로 묶어서 책이라는 비슷한 걸로

만들어 봤습니다.

지금도 읽어보면 여러 가지 모순적인 부분이 있지만,
이 모든 걸 맞추고 완벽하게 책을 낸다면 나는 영원히
책을 출판할 수 없다는 결론에 이르렀습니다.
초보 글쓴이가 자신의 생각을 일단 책으로 내고
다음 출판에는 좀 더 나은 글을 써보자 하는 심정으로
첫 출판에 도전하게 되었습니다. 제가 쓴 글들은 너무
부족하여 독자 여러분들이 저보다 더 나은 생각과
좋은 판단을 하실 수 있습니다. 다만 그때 그 시점에
저는 그렇게 생각을 했으며, 지금도 비슷하게 생각하는
부분을 가지고 글을 썼으며, 욕심을 부린다면
제 자식들이 한 번쯤은 아빠의 생각과 경험을
공유할 수 있는 기회가 되지 않을까 하여 쓴 글들입니다.
글을 써서 결심하고 다짐해도 책대로 살아지지 않지만
가끔 꺼내 읽으며 그 시절에는 내가 이렇게 생각했구나 하며
자신을 돌아볼 수 있으면 좋겠습니다.
책을 읽어주신 모든 분들, 건강과 행복이 충만하시고
언제나 행운이 가득하시길 기원합니다. 고맙습니다.

목차

시작하는 글

책을 읽어주시는 분들께

인생은
테트리스

오늘 길을 걷다가 라디오에서 좋은 구절이 나와서 바로
메모에 적고 마음속에 깊이 새겼다…
인생은 테트리스 같다고 한다.
그것은 테트리스 할 때 하나의 조각을 잘못 놓았다고
그것만 신경 쓰고 슬퍼하고 있으면
앞으로 나올 다른 조각에 대응하지 못하고
그것에 매몰되어 게임이 망하듯이 인생도
결국 인생을 망치게 된다고 한다.
그렇다. 누구나 실수하고 잘못한다. 그리고 이미 지나간 일에
계속 묶여 있으면 그것은 시간 낭비가 될 수 있다.
그만 잊고 새로운 기회를 찾거나 내가 잘하는
다른 것에 집중하여 새로운 성공을 준비하고
맞이하여야 한다. 인생의 작은 실수로 인생 전체를
낭비하지 말자.

작은
물방울

작은 물방울이 한 방울 한 방울 떨어져서 돌을 뚫는다는
말이 있습니다. 요즘 일본어 공부를 매일 20분씩 하고 있는데
처음에는 히라가나도 정말 외워지지 않고
가타카나도 헷갈렸지만. 20분씩 매일 하루도 빠지지 않고
스스로 오전 패턴을 만들어 6개월이 되니 이제는
웬만한 글자는 읽고 또 뜻을 아는 단어가 나오면 굉장히
뿌듯한 마음이 들었습니다. 사실 중간에 회사 업무도 바쁘고
포기도 할까 했지만 20분 자투리 시간이 아무것도 아니지만
이 시간이 10년이 되면 분명히 나에게 도움이 된다는 생각으로
하루 일상 패턴으로 만들어서 꾸준히 했는데…
이제는 일본어를 모든 한문까지는 아니지만 읽을 수 있음에 배움의
행복을 느낍니다. 무엇이든 시작하면 처음에는 표시가 나지 않지만
시간이 지나면 나도 모르게 큰 변화가 찾아온다는 걸
새삼 깨달았습니다. 일만 시간의 법칙이라는 것이 있다고 하는데
작은 일도 꾸준히 한다면 자기가 원하는 바를 이루는 데
매우 근접하게 다가갈 수 있음을 믿습니다.

지금은 맞는데 그때도 맞을까?

아이에게

아이야.

태어나 이불 속에 꽁꽁 싸매어 눈 감고 자던 때가

배를 밀며 기어다니던 때가

몸을 뒤집을 때가

두 발로 스스로 설 때가

치아 한두 개로 웃던 그 미소로 모든 것을 녹이던 그때가

시간은 기다려 주지 않고 잡을 수 없는 그때의 시간.

아이야 조금만 천천히 자라다오.

품 안의 자식으로 조금만 천천히 자라다오…

먹고사는 문제로 그때를 모르고 지나가는데…

항상 고맙고 신비롭고 우주의 모든 것을 품고 있는 아이야.

조금만 천천히 자라다오.

욕심

욕심의 끝은 없으니…
재물에 대한 욕심을 내려놓지 않으면
평생 재물의 노예로 살 것이다.
명예에 대한 욕심을 내려놓지 않으면
평생 명예 때문에 눈치를 보고 살 것이다.
식탐, 성욕, 물욕 모든 욕망을 버리지 않으면
아무리 많이 가지고 있더라도
자신은 그 욕망의 노예로 살게 된다.
노예, 얼마나 슬프고 억울한가…
자신의 인생의 가치를 찾고
버려라… 당신의 그 욕심을…
그럼 마음속 천국을 볼 것이다.

영원불변

어릴 때 지인들과의 논쟁과 실수는
서로의 작은 사과로 더욱 끈끈해졌다.
그러나 조금씩 나이가 들면서
나도 변하고 주변도 변하고… 사람들도 변한다.
40이 넘어가니 이제는 작은 실수가 벽을 만들고
관계를 멀리하고 불편한 부분을 피하게 되는
그런 삶의 방식에 익숙해진다.
그 옛날 의리와 술 한잔의 우정…
〈영웅본색〉 홍콩 영화의 느와르는 어디 가고
세상의 영원한 것과 불변이라는 것은 얼마나 허구인가를
쓴웃음을 지으며 오늘도 한 걸음 한 걸음 걸어간다.

가장
빛나는 순간

가장 빛나는 순간이 언제냐고 물어본다면

시간의 흐름에 따라 다를 것이다.

어린 시절 가지고 싶었던 장난감 하나에 모든 것이 빛났고

젊은 시절 사랑하는 여자와 사귀게 되었을 때

결혼 후 18평 전세 살다가 집을 샀을 때

모두가 불가능하다고 말했던 거대한 사업에서 승리했을 때…

그런데 요즘은 나로 인해 빛나는 것보다

아이들의 말과 행동이 빛나는 순간이다.

아이들의 몸짓, 심지어 사고 치는 것, 거짓말하는 것

하나하나가 모든 것이 너무 빛이 난다.

아이들을 만난 건 정말 행복이다…

탐욕의
중독

무언가를 얻기 위해 집착하고 또 눈앞에 있는

물욕의 달콤함에 깊이 빠지면

욕심과 탐욕지수는 급등한다.

그러면 자신의 목적과 본질을 잃어버린다.

어떤 명예와 부가 나에게 붙어서 떨어지지

않고 따라오는 것이 자연적인 것이지

그것을 갖기 위해 발버둥 칠 때마다 내 인생의

한 부분 한 부분이 늪에 빠진다.

그러다 보면 중독이 되고 중독이 되면 넓은 시야를

가질 수 없다. 돌아오지 않는 시간이 흐르고

내 주머니에 아무것도 없을 때

주변을 둘러보면 아무것도 없는 사막을 느낀다⋯

하늘의
경고

아버지는 좋은 아버지였지만… 나쁜 남편일 것 같다.

사업에 성공해서 가족을 위하고 싶었지만…

자신의 뜻과 다른 현실 속에 원망을 술로 풀면서

자꾸만 잘못된 모습이 투영되었으리…

나는 결심했다… 가난에서 벗어나고 절대로

아버지와 같은 삶을 살지 않기를.

40대, 지금의 나는 아버지의 모습이 보인다…

어린 내가 본 아버지에 대한 분노… 그리고

대화를 왜 단절하게 되었는지를… 잊은 것인가…

작은 벽이 쌓이다가 더 이상은 무너지지 않는 거대하고

크고 높은 벽의 끝이 보이지도 않을 때…

그때는 너무 늦으리… 지금부터라도 가족의 소중함에

감사하고… 반성하고 행복의 가치가 무엇인지 잘 생각해

보길 바란다… 돈으로 지금을 살 수는 없다.

그리고 돈으로 시간을 되돌릴 수도 없다.

가끔 아버지를 생각이 나서 나를 되돌아보는데

이것이 어쩌면 하늘에서 아버지가 보내는 나에게 주는

충고라는 생각이 든다.

아들아, 너는 나처럼 살지 마라…

미련

지나간 것에 대한 미련은 미련하다.

누구나 높고 낮음 그리고 성공과 실패

우연치 않은 행운… 욕심으로 인한 추락 등…

인생의 굴곡은 계속된다…

오늘이 잘못되고 크게 문제가 있더라도

내일은 잘될 수 있고 시간이 지남에 따라서

기회가 올 수 있다.

우연이든 나의 잘못이든 지나간 것

그것에 매몰되어 다른 기회를 준비하지 못한다면…

지금이라는 이 순간을 너무 초라하고 슬프게 보내는 것이다.

미련을 버리고 준비해야 다음이라는 기회를 잡을 수 있다.

지금은 맞는데 그때도 맞을까?

인생의
길

나는 가끔 내가 빠르고 정확한 길과 고속도로 같은 쭉 뻗은

길을 달려서 지금 여기 있다고 생각하지만

나는 엄청나게 돌고 실수하고 때론 지쳐서 쉬다가…

천천히 걸어서… 또 뒤로 후진도 하고 정말 지리하게

돌고 돌아 지금 이 자리에 있다는 걸 깨닫는다.

뒤를 돌아보라… 얼마나 많은 시행착오로 돌고 돌아왔는가.

앞만, 위만 보면 자신을 진심으로 볼 수 없다.

뒤도 돌아보고 아래도 보면… 지금 가지고 있는

자만심과 허영심에 대해 반성할 기회를 줄 것이다.

나는 잘나고 정확하게 잘해서 여기 온 것이 아니다…

시련의 길을 돌고 돌아왔으며 그 돌아온 길로 인하여

나는 더욱 강해져 있으니 앞으로도 자만하지 말고

항상 주변을 살피고 건방지면 안 된다.

소중한
것

변하지 않는 것이 없다는 것

그것만이 변치 않는 진리라고 했다. 나도 변하고 상황도

환경도 변한다…

지금 내 주변의 사람들에게 잘하자.

얼마나 소중한 사람들인가…

가족 그리고 친구 직원 나에게 잘하는 사람들…

그런 소중한 분들에게 잘하자.

가장 소중한 것은 무엇인가… 그것은 지금 나를 좋아하고

내가 좋아하고 행복을 나눌 수 있는 사람들이다…

의미 없고 지나가는 것에 신경 쓰지 말고

소중한 것들을 구분하여 행복하게 살자.

실수

실수는 누구나 하지만 같은 실수를 반복하는 것만큼
어리석고 가슴 아픈 일은 없다.
욕심을 버려라… 1%의 욕심의 씨앗이
헛된 욕망이 되고 그 욕망이
큰일을 좀먹으며 나중에 큰일을 그르치게 된다.

제주도

아들아…

그리도 비행기가 타고 싶었니… 제주도 가려면

공부 열심히 해야 한다고 하니

새벽 6시 일어나 공부를 하는 모습

젤 싫어하고 어려운 산수를 2시간가량 배우는 모습

말 잘 들어야 간다는 말에 너무나도 노력하는 모습

주말에 산을 오르면서도 제주도가 외국인 줄 알고

거기는 무슨 말을 쓰냐고 묻는 네 모습

가기 전날 잠을 잘 때는 2시간 동안

비행기 탄다고 설레서 못 자는 네 모습

돈을 벌어서 성공해야 한다는 생각에 가족을 보지 않고

지내온 시간이 아빠는 왜 이리 가슴이 아프니…

아빠에게 와줘서 고마워요…

작용과
반작용

사회생활을 하다 보면 나와 맞는 사람이 있다.

그런데 또 정말 나와 다른 사람들과도 어울려 살아야 한다.

하지만 나와 다른 사람만 없어지면 모든 것이 잘될 거라고

허황된 생각을 하게 된 적이 있다. 그리고 그 사람이

운 좋게 퇴사를 하여 이제 모든게 잘될 거라고 생각했다.

그러나 그 결과 모든 것이 잘될 거라는 생각과 달리

나와 맞는다고 믿었던 사람들과 조금씩 이견이 발생하는

현상이 일어난다… 다르다고 생각했던 사람이

사라지니 예상과는 전혀 다른 일이 발생한다.

나는 이것을 조금씩 알아간다… 세상은 나비효과와

작용, 반작용으로 내가 바라는 대로 흘러가는 것이

아니라 전혀 다른 현실이 생긴다는 것을… 세상은

내가 생각한 대로 움직이는 것이 아닌 살아 있는 생물

같아서 1+1=2라는 공식으로는 설명할 수 없다.

시선

사람들의 시선… 그것이 나를 속박하면

나는 진정한 자유를 느낄 수 없다.

내가 당당하고 나 자신을 믿고

나의 자유가 상대방에게 피해를 주지 않는다면

수많은 시선을 신경 쓸 필요가 없다.

인생의 시간은 짧다.

소모되는 생각과 시선을 탈피하고

나의 소확행과 지금 이순간을 찬란히 즐기시라~

그러기에도 40대 당신의 시간은 너무 짧다.

숨거나
피하지 마라

우리는 삶을 살면서 좋은 일도 하고 실수도 하게 되는
경험을 하게 된다.
그리고 그 좋은 일과 실수한 행위에 대한 결과는
자신에게 돌아오게 되어 있다.
다만 그것이 돌아오는 시기가 각각 다를 뿐이다.
우리가 어떤 일을 하고 숨는다고 숨어지지도 않고
피한다고 피해지지도 않는다.
우리가 한 행동에 대한 책임은 져야 한다.
인생을 신선처럼 좋은 일만 하고 살 수는 없지만
좋은 일이든 나쁜 일이든 자신이 한 행동에 대한
결과를 피하지 말고 자신의 자양분으로 사용하여
한 단계 발전하는 인생을 살아가길 바란다.
인생에서는 숨고 피한다고 해결되는 일은 없다.
어쩌면 타이밍을 놓쳐서 더 이상의 돌아올 수 없는
강을 건너게 되는 경우도 있다. 인생을 숨거나 피하지 마라.

소녀
생각

비 오는 소리에도 설레던 소녀는 아직 있을까.

꿈 많던 그 소녀는 얼마나 많은 꿈을 이뤘을까.

소녀는 자신이 얼마나 오래 일을 해야 되는지 알았을까.

소녀는 자신이 혼자 살게 될지 알았을까.

소녀는 정말 원하는 삶을 살았을까.

이제는 조금은, 아주 조금은 소녀의 마음을 알 것 같다.

나도 소년에서 아빠가 되어보니

엄마도 이쁜 소녀였다는 것을…

엄마 사랑해요…

산이라는
친구

나는 산을 좋아한다.

흙냄새와 이슬 냄새, 나무 냄새, 꽃향기 섞인 그 산 내음

더러워진 나를 그 산 내음으로 닦아내는 기분이다.

수많은 사람들에게 품을 내어주는 너

묵묵히 그 자리에 있어주는 너

너의 정상으로 오르면서

많은 이야기를 너에게 하고 생각도 정리하는데

어떠한 반대도 없이 묵묵히 들어주는 너

그런 너를 한 번도 보듬어 주지 못했구나…

미안하네…

나도 언젠가는 너의 이야기를 들어줄게…

산아, 고마워.

사람과
시간

사람은 무엇으로도 바꿀 수 없는 가치를

가진 고귀하고 강한 존재이다.

그러나 또 한편으로는 참으로 나약하고 여린 것이다.

극악무도하게 복수심을 가져도 시간이 흘러

그것은 오히려 측은한 감정마저 들게 변하기도 한다.

사람과 시간은 관계가 있다. 시간의 흐름 속에서

사람은 정말 작은 존재이며 빛나는 미물이다.

모든 것을 바꾸는 시간의 흐름 앞에서

우리는 겸손하고 감사해야 한다…

걱정

여러분은 요즘 고민되거나 걱정이 되는 일이 있나요?

그럼 책 아래 작은 빈 공간에 적어보시죠…

책의 공간에 연필로 반을 나누고 지금 걱정에 대하여

지금 당장 할 수 있는 일과 없는 일을 적고

할 수 있는 일부터 시작해 보시죠.

자 벌써 걱정은 사라지고 발전적인 일을

시작하고 계시네요!!!

파이팅!!!

망각하는
욕심

욕심은 나의 눈을 멀게 한다.

눈앞의 욕심이 큰 미래의 발목을 잡는다.

내 마음이 탐욕과 욕심에 눈이 멀면

아무것도 보이지 않는다. 항상 진짜 중요한 것은

지금의 행복… 가족 그리고 건강을 잃으면

아무것도 아니라고 다짐해 본다. 그러나

항상 나의 마음은 탐욕에 눈길이 가고 있다.

일이 잘못되면 그 후회와 실망으로 감정이 채워진다.

그리고 다시는 그런 선택을 하지 않는다고 다짐한다.

나는 또 똑같은 함정에 빠져 있다.

아니 더 깊은 함정에 빠져 있다.

왜 반복되는 이런 욕심의 바다에서 항상 허우적거리는가…

우주
속의 나

천체를 공부하기 시작하고 우주를 보기 시작했다.

우주를 볼수록 지구와 당신은 미세한 먼지보다도 작고

당신이 가지려고 한 그 물질 또는

지위, 명예가 얼마나 허망하고 아무것도 아닌가를… 느낀다.

지금 행복해지려면 욕심을 버리고

물욕이 얼마나 하찮은 것인가를 인지하라.

눈을
가리는 것

눈을 꼭 수건이나 안대로 가려야 안 보이는 것이 아니다.

잘못된 신념이나 그릇된 주변 소리에도 앞을 볼 수가 없다.

수건이나 안대는 오히려 물리적으로 없애면

앞을 볼 수 있지만… 잘못된 신념이나 주변 이야기에

현혹된 자의 눈을 뜨게 하는 것은 너무 어려운 일이다.

특히 자신의 눈이 가려져 있거나 잘못된 환경에 빠져

있는 것을 인지하지 못하는 그런 사람의

눈을 뜨게 하는 것은 너무 어렵다. 항상 자신을

돌아보고 또 돌아보고 맑은 생각으로

자신의 눈을 뜨게 해야 한다. 눈을 뜬 장님이 되지 말고

진정한 가치까지 볼 수 있는 마음의 눈까지 뜨길 바란다.

눈을 감고 명상 속에서 자신을 만나서 이야기해 보자…

천천히… 진정한 눈을 뜨고 있는지…

분리수거

지구 환경문제로 철저한 분리수거가 강조되고 있으며
가정에서 꼭 실천한다. 요즘은 사람과 사람 사이의
작은 감정선에 마음이 자꾸 쓰인다.
내가 알던 사람들이 맞나… 내가 변한 건가…
그들이 변한 건가… 왜 불편하지…
매번 다투고 나락으로 빠지고 슬픔에 허우적거리고
남 탓, 세상 탓 그리고 과거에 빠진 자들
시간은 빠르고 할 일은 많다… 감정소비와 그에 따른
스트레스에서 잉태되는 여러 소모적인 일들…
인간관계도 정신의 환경정화를 위해 분리수거가 필요하다…
40대… 인간관계도 분리수거가 필요한 나이가 된 것이다…
하지만… 나 자신도 분리수거 대상이 되지 않도록
자신을 돌아보자… 자신이 핵폐기물이 아닌지…

코인
관계자

비트코인을 하면서 느끼는 점…

지인의 지인: 아는 사람의 아는 사람…

잘 알지 못하는 사람이지만 큰돈을 땄다고 전해 들은 사람

지인: 어느 정도 아는 사람이다…

작은 소액으로 돈을 땄다고 자랑한다…

친구: 잘 아는 사람…

코인에 물려서 많은 돈을 잃고 있다.

자신: 코인을 모를 때가 행복했다면서 전전긍긍한다…

신기하다. 코인은 내가 모르는 사람일수록 돈을 따고… 내가 아는

사람들은 돈을 다 잃고 있거나 물려 있다…

미래의 달러를 대체할 수 있는 자산일 수는 있지만…

변동성이 큰 지금은… 자신을 좀먹는 금융 마약이다.

나의
장점

어려울수록 더욱 강해지는 마음

모든 사람의 장단점을 카피하는 능력

끝없는 독서

계획적인 행동

실패에 대한 빠른 리바운딩

있는 사실 그대로를 보여주는 진실함

끝없는 바지런함

부정보다는 긍정의 마인드

난 이런 나를 사랑한다… 못나도 잘나도

널 응원한다.

거울

세상에는 거울이 있다… 나 자신을 볼 수 있는 일반 거울…
다만 내면을 볼 수 있는 거울은 멀리서 찾을 필요가 없다.
지금 상대방이 하고 있는 행동과 말을 보라…
상대는 나의 거울이 될 수 있다.
비웃고 제삼자를 시기하고 뒷이야기를 한다면
다른 곳에서 똑같이 나를 그렇게 이야기할 사람이다.
그러니 항상 주변 사람들을 보고 나를 돌아보는
거울로 삼아 나의 타락함과 교만함을 경계해야 한다.
지금 여러분 곁에 있는 자주 만나는 3명이 누군지
생각해 보라. 그 사람들이 지금 가장 그대와
닮은 사람이라고 어딘가에서 들었다.

지금은 맞는데 그때도 맞을까?

기대

삶을 살다 보면 기대라는 것을 합니다.

그 감정은 어떤 감정일까요…

어떤 일이나 대상이 원하는 대로 되기를 바라고 기다림

기대에서 오는 실망감… 서운함…

이제는 그냥

그렇구나… 그렇게 되었구나… 하고

기대라는 안경을 끼지 않고 산다면 조금은

더 마음 편하게 살 수 있지 않을까요…

혹시 기대로 인해 당신의 인생은 낭비되고 있지 않나요???

부모도 자식조차도 마음대로 안 된다고 하잖아요.

기대라는 감정을 놓아주고 마음을 비우시길~

새롭게
시작하자

오늘은 그냥 아무 말 없이 여러분을 응원하고 싶어요…
파이팅, 여러분은 무엇이든 할 수 있다.
오늘 하루는 좋은 것 보고 맛난 것 먹고
좋은 생각만 하기, 파이팅!!!

고인
물

고인 물에 오래 있다 보면 그곳이 더러운 곳인지…

살 수 있는 곳인지… 잘못되고 있는 것인지…

모르고 살아가게 된다.

그렇게 그 고인 물에 오래 있다 보면 내가 하는 일이…

내가 하는 행위가… 내가 하는 짓이… 내가 하는 범죄가…

그 물에 적응하여 나의 정체성을 알지 못하고

그냥 그렇게 정당한지 부정한지 구분 못 하고 살게 된다.

너무 오래 그 물에 있었다면 한 번쯤은 자신을 돌아보라.

지금의 고인 물의 정의가 진짜 정의인지 아니면 자신도

이미 그 고인 물에서 사는 썩은 물고기가 되어버린 것인지

만일 이미 그곳의 정의를 너무 깊게 마셨다면…

악인들의 명대사를 읊조릴 수 있다…

이제는 너무 멀리 와버렸어…

관점

인생에서 다툼이나 오해, 의심, 여러 가지
감정선의 문제들이 생길 수 있다.
그것은 우리가 로봇이 아닌 인간이기에 갖는
행복이자 비극이다.
내 입장에서 바라보면
객관화된 시점을 볼 수 없으며 정확한 묘수를 볼 수 없고
때론 상대방 또는 원수 측에서 바라보면
새로운 길이 있을 수 있다.
그리고 인생은 알 수 없는 미로라서… 손해가 이득이 되고
패배가 승리가 되는 괴이한 현상도 일어난다…
인생에서는 수많은 관점으로 문제를 봐야 제대로
볼 수 있다. 우리는 관점의 다양성을 존중하며
살아가야 한다. 그것이 원수의 관점이라도…

지금은 맞는데 그때도 맞을까?

관계설정

인간 사이의 관계에는 여러 가지 얼굴이 있다.

그래서 인간과 여러 관계를 맺은 후

그 관계 속에서 마음의 상처나 고민이 생긴다면

잘못된 부분의 손해를 감수하여 그냥 받아들이든지

다른 부분의 좋음으로 싫은 부분을 상쇄하여 지내든지

그 관계를 정리해야 관계의 늪에서 나올 수 있다.

이번에 한 번 더 한 번 더를 외치다가

결국에는 서로에게 더 큰 상처를 남기고

좋은 기억마저도 사라지게 된다.

인간은 고치거나 바꿔 쓰는 것이 아니기에

냉철한 관계 형성이 오히려 서로에게

좋은 에너지를 줄 수 있다. 이것을 냉정하다고 하여

살아간다면 인생의 낭비는 덤이다.

탐욕

탐욕과 욕심을 버리면 마음이 편한데

반복되는 탐욕과 욕심으로 자신을 가두고

내가 쳐놓은 덫에 내가 걸려 맘 졸이고…

붕어의 머리로 똑같은 미끼에 입이 찢겨나가도

또다시 그 먹이를 물어 자신과 가족도 돌보지 못하는 것

그 탐욕과 욕심이 누구를 위한 것인지

그리고 정말 그 탐욕과 욕심으로 이룬 것이 무엇인지…

그리고 또 많은 시간이 지나갔는지… 그대는… 알아야 한다.

돈을 잃은 것… 건강을 잃은 것… 가족을 잃은 것…

꿈을 잃은 것… 돌아오지 않는 시간을 잃은 것…

작은 것을 좇다가 모든 것을 잃는다…

그리고 기회를 줄 때, 당신의 날개가 다 타지 않았을 때

더 이상 불나방처럼 불 속으로 들어가지 말길…

제발… 제발… 부탁합니다…

세월

시간이 빠르게 지나간다.

이제는 자고 일어나면 베개 자국이 지워지는데도

시간이 흐르고

머리에는 어느새 새하얀 새치들이 소복소복

관심사는 아이돌, 친구, 연애에서

정치, 건강, 경제로 바뀌고…

웃을 때 깊은 세월 흔적이 생겼네…

세월은 우리도 모르게 한 발 한 발 그렇게 오나보다…

오늘을 더 행복하게 뜻깊게 살고 싶다…

앞으로 20년이 지난 뒤에 다시 뒤돌아보며…

마음이 따스해지고 싶다… 그때 나에게…

잘했다고… 수고했다고… 이야기해 주고 싶다.

변하면서
잃어가는 것

이 순간에도 지금의 나는 과거의 나에서 발전하고 있다.

그것은 변화이고 발전이다…

사람들은 나에게 이야기할 수 있다.

사람이 변했다고…

하지만 나는 그들에게 이야기하고 싶다.

당신은 어쩜 하나도 변하지 않았냐고…

정답이 있을까…

하지만 나는 어제보다는 오늘이 더 행복하고

발전되게 변하고 싶다.

인생은 그렇게 하나씩 다른 것을 얻으며 잃어가는 것

슬픈 것이 아니고 당연한 이치이다.

이제는 그것을 받아들일 자세가 되는 것 같다…

그것은 당연하고 감사하고 인생을 살아가는…

하나의 과정이다.

운수
좋은 날

신들린 듯이… 그렇게 난 기회를 얻었다…

그런 날은 패배가 승리가 되고 실수가 행운을 불러온다…

하지만 운수 좋은 날은 마지막 결과를 꼭 봐야

행운인지 불행인지 알 수 있다.

절대로 마지막 웃을 때까지 미리 샴페인 터뜨리지 마라.

인생은 절대로 그대의 마음대로 쉽게

될 생각은 없다.

기회

기회를 줄 때
절대적으로 잡아라…
기회는 잡고
후회는 잡는 게 아니다…

절대

절대라는 말은 아무 데나 쓰지 말자.

절대 악인도 절대 선인도 없으며

어제의 적이 오늘의 친구가 되고

오래된 친구가 원수가 되는 것이

이 세상의 절묘한 연이라…

어떤 일에 대한 모든 옳음과 틀림은 없으며

영원한 것은 없다…

그래서 항상 겸손하고 마음을 다잡아야 한다.

믿음이라는 것은 그 시기와 순간의 계약이며

그것은 오래 유지되는 것이지 절대적으로 지켜지지는 않고

끝이 있음을 알아야 한다.

유무

지난 과거 시절에는 목표를 위해서는 절대로
달리는 말에서 내리지 않고 내 확고한 신념으로
목표만을 위한 쉼 없는 질주를 했다…
지금은 그런데 예전과 다르게 나의 의지를 의심하고
내가 다 맞는 건 아닐 텐데라는 약한 마음을 가진다.
예전에는 어떠한 지적에도 나의 의지와 고집을 가지고
전진했는데… 지금은 자꾸 나를 돌아보고 의심한다…
앞에 있는 적을 쓰러뜨리고 지옥 불구덩이라도
돌파만 하면 된다고 생각했던 내가 자꾸 그 결정이
정말 맞았던 걸까라고… 생각을 한다…
생각이 많아지는 것인지… 나이를 먹고 약해지는 것인지
아니면 한 번 더 깊이 생각하게 되는 현명함을 익히는
것인지 아직은 알 수 없지만…
단 한 가지… 중요한 것을 알게 되었다.
나도 이제는… 잃을 것이 생긴 것이다…
잃을 게 없던 시절… 참 자유롭게… 돌진하고 실수하고
두려움이나 걱정이 없었는데… 나도 이제 잃을 것이

지금은 맞는데 그때도 맞을까?

생긴 것이다… 잃을 것의 유무

그것은 지켜야 할 것이 생겼다는 것이다.

이것이 나의 무기가 되고 또 약점이 될 것이다…

시간이 지나면 또 답을 줄 것이다…

인생은… 정답이 없다…

보는 법,
듣는 법

정말 나를 내가 잘 볼 수 있을까…
살다 보니 나를 객관적으로 볼 수 있는
제3자의 눈들이 내가 스스로 못 보는 부분과
모자란 부분을 볼 수 있음을 인정하게 된다.
이것은 상대방의 이야기를 듣는 법을 배워나가는 것
같다. 상대방의 이야기를 듣는 법을 배운다면
한 단계 높은 곳으로 발전하거나 앞으로 나아갈
실마리가 된다… 말보다는 듣는 법을 배운다면
잘 보는 법도 따라온다. 열린 마음으로 넓게 듣고 보라.
고인 물은 썩고 녹은 철은 잠식해 들어간다…

호사다마

좋은 일 뒤에는 나쁜 일이 있고
나쁜 일 뒤에는 좋은 일이 있을 수 있으니
너무 좋다고 너무 나쁘다고 할 필요 없다.
세상은 균형을 맞춰 살게 마련이다…

귀엽고
하얀 너

의연하게 멈춰 있는 너를 때리고 싶어 오랫동안 노려보는데

너는 도망가지 않고 때려보라며 그 자리에서 그대로인데…

나는 마음이 약해서 못 때리는 것인지

널 제대로 때리지를 못하네… 그러다가 주변 이야기에

화가 나서 세게 때리려고… 욕심을 부리면

널 때릴 수조차도 없고

자꾸만 힘이 들어가고 욕심이 나는데…

신기하다. 정말 넌 가만히 있는데

너의 이름은 골프공

방송

인생은… 재방송이 없다…

그리고 항상 생방송이다…

의외로… 인생이라는 방송시간도 매우 짧다…

그리고 인생이라는 무대는 누가 시켜주지 않아도

당신이 주연이 되고 당신이 쓰는 대로 시나리오가

진행된다…

어때? 지금부터라도 인생역전의 시나리오 써볼 텐가…

한 장
차이

한 장 차이 무시하지 마세요…

생각해 보세요…

당신과 나는 한 장 차이입니다.

단지 운이 좋았던 것이에요…

그저 종이 한 장 차이였어요…

하지만… 단 하나… 알 것은…

그 한 장 차이가 얼마나 극복하기 어려운지…

마라톤에서 가장 힘들고 쓰러지고 싶을 때의 그 한 걸음이

얼마나 힘든지

철봉에서 온 힘을 다하고 난 뒤 떨어지기 전 턱걸이 하나…

그 한 장 차이가 얼마나 큰 산인지…

인생의
척도

인생은 적당히 바보로 만족하며 사는 것이
승리자인 것 아는가.
과연 당신의 걱정과 욕심과 생각이
인생을 행복하게 할 수 있는가???
목표를 설정하여 달려가는 것과 헛된 욕망을 향해
달려가는 것을 구분하라.

역지사지

잘해주면 진짜 잘하는 줄 알고

양보하면 바보인 줄 알고

가만히 있으면 멍청이인 줄 알고

내버려두면 더 멋대로 하고

친절하면 하인처럼 막 대하려고 하고

정말… 역지사지가 필요하다.

역! 으로 지! 랄을 해줘야 사! 람은 지! 위치를 안다…

사랑합시다

이거… 카피 아니고요…

살다 보니… 40대가 넘어서 중반 가다 보니… 진짭니다.

여러분…

미워하지 마세요… 사랑하기에도… 시간이 짧아요…

그리고 사랑받으려고 노력도 하지 마세요…

그러기에 우리 삶은 너무 짧아요…

복잡한 이유로… 감정싸움… 미움, 시기, 질투…

그냥 내가 졌소이다 하고

그냥 사랑하고… 맛난 것 먹고 잘 자요…

지금 이 글을 보는 당신 사랑합니다…

아 맞다. 마법주문 아들한테 배웠는데 속으로 외워보세요.

어쩔티비 저쩔티비 안물 안궁

이거 무적의 주문입니다.

무엇인가
할 시기

이 일만 끝나면… 내일부터는…

40살 되면… 은퇴하면 꼭…

새해를 맞이하여… 결혼하면 이제…

취업만 되면… 애가 생기면

무언가 계획을 가지고 하는 건 좋지만…

인생의 수많은 변수와 나비효과는

우리가 계획한 대로 할 수 있는 확률을

떨어트리는 것 같아요…

진짜 하고픈 일이라면 지금 하세요…

오히려 나이를 먹어서 50으로 향해가니…

지금은 반대로 아, 그때 시작할걸…

이런 마음이 더 큽니다…

지금 하세요… 바로… 아주 미세하고 작게라도…

무서운
돈

돈은 진짜 무섭다.

마약같이 사람을 미치게 하고

또 돈에 눈이 멀어서 아무것도 보지 못하고

돈으로 생명을 잃기도 한다.

예전에 읽었던 책에서

돈을 사람으로 생각해서 정중하게 대하면

돈 또한 나를 존중할 거라고 했다.

돈은 지금 내가 부자여도 거지여도

우습게 보면 안 된다.

돈을 존중하고 그 사용을 헛되이 하지

않아야 한다.

그래야 작은 돈이든 큰돈이든 나를 좀먹지 않는다.

돈 관계라는
것은

돈을 빌려줄 때는 멋지게 빌려주지만

받을 때는 엎드려 받아야 하고

기일이 지나 받으면 빌려준 사람은 받은 사람을 불신하고

빌린 사람은 어렵게 갚아서 나도 모를 서운함에 젖는다.

빌리고 처음에 갚을 때 처음에는 꼭 빨리 갚고 싶지만

자신이 뜻한 대로 되지 않고 어렵게 벌수록

당연히 갚아야 할 돈도 주기 싫은 마음이 자라난다.

그 마음이라는 것이 매우 간사하여

언제나 돈은 사람에게 어둡게 속삭인다.

그 달콤한 속삭임은 눈을 멀게 하고 시간이 지나면

어떻게 일이 왜 여기까지 왔을까 후회가 된다.

특히 남의 돈이 무서운 줄 모르고 쓰는 사람들은

한 번만 빌리지 않는다…

계속 빌려주고 이걸 줘야 이전 돈까지 준다는

악마의 뫼비우스 띠 속으로 들어가게 된다.

그래서 돈을 빌리지도 빌려주지도 말아야 한다.

그것이 인간관계를 건강하게 한다.

만족

성공을 위한 꿈과 미래를 위한 에너지도 좋지만…

주위를 보고

아래를 보고

나를 보고

가족을 보고

지금 가진 것에 만족해 보는 것도

행복으로 가는 길이다.

기대

기대는 사람에 대한 나의 욕심을 채우는 것…

그 사람이 이렇게 해주었으면 하는 바람…

또는 기도라는 좋은 가면 이면의 이야기다.

사람에 대한 기대가 높을수록 돌아오는 상처와 실망이 크다.

그냥 기본적인 부분에서 즐거움과 행복을 느끼면

상실에 대한 부분이 적거나 없다.

무언가 기대를 시작하는 것부터

관계에 대한 실망이 자라난다.

그냥 기대하지 말고 줘버려라…

그리고 잊어라.

아바타

아들과 본 〈아바타〉

나는 〈아바타〉 주인공 아들의 죽음에

눈물을 흘리고…

아들은 고래의 죽음에 눈물을 흘리고…

장장 3시간을 보고 아들은 너무 재밌다고 이야기한다.

그런데 심각하게 질문을 한다.

누가 주인공이냐고 물어본다…

어디부터 설명해야 하나…

지금은

지금은 화양연화

그러나 화무십일홍이니

노겸근칙 하리라⋯ 40 중반이 되니 이제는

나보다는 그대들을 돋보이게 하고 싶네⋯

좌절의
꽃

나는 얼마나 못난이인가… 참을성도 없고

자신과의 약속에서도 계속 무너지고

성공보다는 실패를 많이 하고

수많은 상처를 주고받고 책의 내용을 대부분 망각하고

반복되는 실수 패턴으로 지쳐가고

육체는 점점 노쇠해 간다.

하지만 이런 나를 나조차도 사랑하지 않으면

좌절의 소용돌이에서 어디로 한 발을 내디딜 수 있을까…

심각한 좌절 속에서도 일어나려고 하는 의지를 가진

자신을 응원하고 사랑하라…

그럼 좌절과 절망의 어둠 속에서 밝은 꽃이

언제 가는 피지 않을까…

나는 오늘도 나를 응원하고 사랑한다.

아침
다짐

감사합니다.

겸손하겠습니다.

기대를 하지 않겠습니다.

말을 조심하겠습니다.

기본을 지키겠습니다.

술을 조심하겠습니다.

욕을 하지 않겠습니다.

감정을 잘 조절하겠습니다.

역경을 이겨내겠습니다.

감사합니다.

인생거울

어찌나 시끄러운지…
~좀 조용히 해라.
어찌나 다리를 떨던지
~복 달아난다.
어찌나 TV를 크게 보던지
~뭘 귀를 먹었니.
얼마나 노는 것을 좋아하는지…
~공부 안 하면 거지 되는 거야.
심한 말을 하길래…
~그런 말 누구한테 배웠냐.

와이프가 말했다.
다 오빠가 하는 행동이고 똑같다고…
미묘한 감정이 든다…
내 아들이구나… 내 모습이었구나…
미안해 아들… 꼰대처럼 아빠는 스스로도 못 봤네…
네가 나의 거울인걸…

오늘부터
다이어트

오늘부터 세상에서 제일 좋은 성형수술, 다이어트 실시

오늘 저녁부터 소식하고 8시 이후 금식

밤이 되어 나는 와이프에게 말한다.

9시: 야, 치킨 땡기지 않냐.

9시 반: 음, 살 안 찌게 매콤한 닭발

10시: 아냐아냐, 안 시켜.

10시 15분: 뭐 먹을 거 없니… 냉장고 문은 계속 열리고…

11시: 치킨을 먹고 있다. 냉장고에 맥주 있나?

12시: 아 너무 배부르다…

요즘 〈라디오스타〉 좀 약해진 것 같아…

12시 반: 자자…

아침에 일어나 보니 어제보다 통통하게 살찐

복어가 이빨을 닦고 있었다…

신기하네… 난 다이어트를 했는데…

고통

고통은 여러 곳에서 온다… 일에서 오는 육체적 고통

스트레스로 오는 정신적인 고통

혈압으로 오는 뒷골이 땡기는 고통

독감으로 열이 나고 근육이 쑤시는 고통

이런 수많은 고통들 중에

내가 만드는 고통이 있다… 숙취

어젯밤 왜 그리 마셨니…

오늘 나는 바보같이 황금 같은 하루를 보내버렸다…

너무 아까운 하루를, 다시는 돌아오지 못할 이 하루를…

내가 만든 바보 같은 숙취 두통으로 보내버렸다…

나이를 먹었나… 술도 이제는 끊어야 되나 싶다…

근데 와이프가 그런다… 이번 달에도 술 끊는다고

몇 번 이야기했다는데…

아, 사람은 이래서 망각의 동물이구나… 한다.

회자정리

오랜 세월 함께했던 그 사람이 떠나간다.

잡아보고 원했으나 사람의 마음 잡는 것은 하늘의 이치

잡는 것이 그 사람의 앞길을 막는 것이라고 생각되니

더 이상은 잡을 수 없네.

지쳤다고 하는데 내가 그 사람이 아니니 어찌 아리오…

도움이 못 되어 미안하다고 하나, 있어서 같이하는 것이

내겐 힘이 되는데… 참으로 아쉽고 아쉽다… 만남이 있으면

헤어짐이 있고 헤어짐이 있으면 만남이 있을 것이다…

잘 가시오. 잘 가시오. 건강하시오. 언제나 행운만 있기를

빌겠소. 힘든 것이 있었다면 훌훌 털어버리고 자유롭게

잘 사시오. 다시 만날 때 행복하고 멋있는 모습 기대하겠소.

항상 감사했습니다.

하지만 아직도 모든 이별은 익숙해지질 않네요…

혈육

혈육이라는 것은 무섭다.

그 물보다 피가 진하다는 건

역사적으로, 귀납적으로 증명되어 나온 말인 것이다.

지인이나 친구에게 무언가를 해줘야지

마음을 가지고 있다가도 막상 그때가

되면 망설여지는 것이 바로 남일 때가 많다.

그러나 자주 보지는 않고 친하지 않더라도

운명과 피로 묶인 고리는 어쩔 수 없이라도

무엇인가 해주게 되는 경우가 있다.

나 스스로 돌아본다

이 미묘한 관계의 보이지 않는 힘과 관습으로

일 처리가 되었는지… 그리고 경계한다.

가끔은 감정이라는 것이 위대하지만 쓸모없는 것 같다.

아무도
모른다

착하다고 생각했던 군대동기도 비명횡사를 했고
너무나도 이기적이라고 생각했던 인물도
경찰에서 상을 받고 남을 도우며 살고 있다.
악인이라고 생각했던 사람도
가정 이루고 행복하게 잘 살고
말도 없고 얌전히 지루하게 산다고 했던 친구가
영업대상을 받고 굉장히 화려한 삶을 산다.
매일 술에 절어 방황하며 사채 쓰며 흥청망청 살아서
제일 걱정이라는 소리를 듣던 사람도
지금은 사업가로 변모해서 누구보다 열심히 산다.
인생의 초년생에 본 모습과 중년에 본 모습이
그 사람의 마지막을 이야기하지는 않는다.
그래서 내가 보는 모습이 타인의 다가 아닌 것을
명심하고 섣부른 판단을 하지 말자. 인생은 아무도 모른다.

남에게 운이 좋았다고
말하지 말아라

운이 좋았다고 말하지 말아라…
그 운조차도 못 잡은 사람이 많다…
운을 잡았다고 좋아하지 말아라.
항상 좋은 일과 나쁜 일은 같이 오기에
항상 낮고 겸손한 자세를 취하라.

양면성

돈이라는 것이 얼마나 좋은 것인지…
수많은 작고 큰 욕망을 이루고 만족을 주는 것

돈이라는 것이 얼마나 무서운 것인지…
유한함을 모르고 관리 못 했을 때
인간관계, 부, 건강 송두리째 앗아가는 것

성공이라는 것이 얼마나 좋은 것인지…
엄청난 노력을 통한 성공을 해서 큰 기쁨을 느끼는 것

성공이라는 것이 얼마나 무서운 것인지…
이른 성공과 그 성공에 대한 기쁨 뒤에 오는 허무함, 작은 성공 뒤
의 큰 실패… 지나간 작은 성공 속에 매몰되는 것

실패라는 것이 얼마나 좋은 것인지…
그 아픔을 이겨낸 뒤의 단단함 아픔 뒤에 오는 더 큰 기쁨

실패라는 것이 얼마나 무서운 것인지…
반복되는 실패로 인한 좌절감의 수렁에서 못 나오는 것

가난이라는 것이 얼마나 좋은 것인지…
작은 것에 감사하고 배고픔을 알고 욕망을 관리하고 꿈을 꿀 수 있
는 동력이 되는 것

가난이라는 것이 얼마나 무서운 것인지…
작은 희망도 채우지 못하고 반복되는 가난으로 더 이상 작은 꿈조
차 사라져 올라가는 의지마저 포기하는 것

세상의 모든 것은 양면성이 있다. 완벽히 좋은 것도
나쁜 것도 없다.
우리가 그것을 어떻게 받아들이느냐에 따라서
우리는 생각한 대로 발전하고 그 생각을 행동으로 한 대로
새로운 결과를 맞이하게 된다.
그러니 성공, 실패, 돈, 가난을 우리가 어떻게
받아들이냐는 우리의 선택이고 인생의 변화를 가져올
최고의 변수이다. 세상에는 모든 것이 좋거나 모든 것이
나쁘거나 하는 것은 없으니까…

가면

나는 이게 얼굴인지 가면인지 모르겠다.

나는 이게 가면인지 얼굴인지 모르겠다.

마음과 같다면 얼굴이고

마음과 다르다면 가면일까…

마음은 울고 있는데 가면은 웃고 있는

코미디 같은 연극 무대가 인생일까…

누구나 마음과 다른 가면을 한두 개는 가지고 살겠지.

근데 그 가면의 개수가 많으면… 슬플 것 같아…

가면이 아닌 나로 사는 인생이 되고 싶다.

내가 아닌 다른 가면으로 살기에는 인생은 너무 짧다.

무소유

기대 욕심을 버려야 마음이 편하다.

기대하면 바라게 되고

바라면 더 크게 바란다.

작게 받고 조금 손해 보는 것이 마음 편하다.

세상은 받은 것을 꼭 돌려받으러 온다.

그것을 준비하지 못하면 인생은 힘들어지고

서운해지고 자신을 점점 옥죄어 간다.

가볍게 하고 사는 것이 행복이다.

괴물

열심히 살았다고 살았는데…

갑자기 괴물이 되어버린 나를 보았다.

대체 나의 목표를 위해

내가 괴물이 되어버려도 괜찮은 건가.

괴물이 되어 목표를 이룬 뒤에는

나에게 무엇이 남을 것인가…

가끔은 스스로에게 이야기를 하여 달래도 본다.

괴물을 이기기 위해서는

나도 괴물이 되어야만 지킬 수 있다고

오늘도 나는 나를 돌아본다…

괴물이 되어버린 나를…

그래도 선은 넘지 않는 괴물이 되자…

절제

인생은 절제를 해야 한다.

무엇이든 넘치면 좋지 못한 결과를 불러온다.

약간은 모자란 듯이 가지고

모자란 듯이 먹으며

운동도 조금은 내 몸을 위해 하나 덜 하고

술도 한 잔 덜 먹고

산도 어려운 코스보다는 쉬운 코스로

악이 아닌 힐링으로

화를 내는 것도 한번 쉼호흡하고

운전도 먼저 가기보다는 안전하게 하고

욕심을 내서 모든 걸 이루고

다 가지고 난 뒤에 허무함을 피해야만

절제를 하고도 마음이 꽉 차는 기분을 느낄 수 있다.

왜 그 사람은
그런 미친 짓을 했을까

그때 그랬다… 왜 그 사람은 그런 미친 짓을 했을까…
와~ 결혼도 하고 집도 사고 고급차도 있고 자식도 있고
돈도 저 정도면 살만한데 왜 저런 짓을 했을까…
나라면… 저런 짓은 안 할 텐데…
아니다… 그건 그냥 그 사람이 안 되어보고
자신이 그 위치나 상황이 안 되어봐서이다.
나는 나이를 먹으며 조금은 그 사람이
왜 그런 미친 짓을 했는지 알 수 있을 것 같다…
배부르고 따뜻하고 편하게 의식주가 해결되면
딴생각을 한다. 인간이 그렇다…
그래서 사람은 항상 잘될수록
자신을 경계하고 수양하고 항상 지켜봐야 한다.

망각의
탑

공든 탑을 쌓기는 어렵지만
무너뜨리는 것은 쉽다는 걸 망각한다.
항상 자신의 내면을 들여다보고
내가 잘못된 곳으로 가고 있는지
들여다봐야 한다.
왜냐하면 사람은 공든 탑만큼
자신을 속이는 망각의 탑도
매우 잘 쌓기 때문이다.

눈치코치

눈치코치 좋으면 사는 데 윤활제는 된다.
그러나 사람들 시선을
너무 살피며 살아갈 필요는 없다.
세상에는 너무 많은 관계와 이유로 인해
억지 욕을 먹을 수 있기 때문에 신경을 쓰지 말고
남에게 피해 주는 것이 아니면 자신의 신념대로
내 인생을 살 필요가 있다.
또 반대로 남에게 너무 관심 가질 필요도 없다.
그냥 내 인생 살고 남 일 너무 참견하지 말고
과거에 연연하지 말고 베풀면
눈치코치 안 보고 내 인생 사는 거다.

초능력자

사람들 스스로 장점을 다시 점검해 보면

신비한 능력을 다 가지고 있다.

어찌 보면 사람들은 모두 초능력자들이다.

그 능력을 잘 모르거나 안 쓸 뿐…

사람들은 깨달아야 한다.

우리가 지금 이 세상에 태어난 것부터가

초능력이고 우리는 무엇이든 될 수 있는

초능력이 있는 사람이다.

다만 그걸 언제 누가 더 빨리 알고 사용하는가다.

우리는 모두 초능력자입니다. 지금 이 글을 보는 당신

어서 능력을 쓰세요… 파이팅!!!

감정조절

나이를 먹고 50이 다가오면 감정을 조절하는
능력을 높여야 한다.
분노나 미움을 말이나 태도로 드러내는 것은
정말 천한 짓이다.
상대방의 나이가 어리든지 직급이 낮다고 해도
그리고 서비스를 해주는 직업군에 있는 분들이라도…
그들 또한 누군가의 귀한 자식이고 형이고 누나고
아버지, 어머니이다.
그들 또한 귀한 사람이다. 감정의 쓰레기통이 아니다.
나이를 먹을수록 더욱더 감정조절을 잘해야 한다.

이쁜
시련

바람과 파도 그리고 강한 바다가

훌륭한 선원을 만들듯

시련이 강할수록 그 시련을 발판 삼아 일어난다면

더욱 강해진 나를 볼 수 있다.

그리고 각자 상황에 따라서 다른 시련이 있다. 예를 들어

온실 속의 화초도 온실 속에서도 시련은 있다.

그렇기에 상황에 따라서 틀리지만

강하거나 작거나 다양한 시련들을 이겨내고 깨달음을

얻을 때 다양한 형태로 발전을 이루게 된다.

세상에 정해진 답은 없어도

못 풀 문제는 없고 나는 이런 성장의 아픔을

이쁜 시련이라 부르고 싶다.

못 한
말

팩트로 언어 폭행 하고

말싸움 이겼는데 시간이 지나니 찝찝하다…

차마 하지 못한 말로 기분이 찝찝한데

시간이 지나니 잘했다 싶네.

이래서 침묵이 금인 걸까…

나이 들수록 못 한 말이 많아진다.

그런데… 시간이 지나면 잘했다 싶다.

어리석은
변화

사람이 살아가면 변하는 것은 맞다.

형태가 변하고 마음이 변하고 세상 모든 것이 변한다.

나는 오늘도 나의 나쁜 본성으로 돌아가지 않도록

날카로운 정으로 쳐서 내가 목표로 하는

자신을 만들기 위해 내려친다… 때로는

아프고 힘들고 멈추고 싶지만…

끝없이 스스로를 내려치고 좋은 변화를 하려 한다…

근데… 참 무지하다… 나 스스로를 변화시키는 데도

이렇게 힘들고 어려운데…

왜 그리 상대방들을 변화시키려고 하는지…

나의 변화도 이리 어려운데 우리는 얼마나 상대방

그리고 가족, 내 자식들을 변화시키려고 하는지…

인생사

인생을 살면서 여러 수많은 관계

나이를 먹고 성인이 되어보니

참 무서운 것은 귀신, 괴물, 맹수도 아닌

인간관계인데 또 재미난 것도 인간관계이다.

덜그럭 쾅쾅 웃고 울고

이런 소리 내면서 사는 게 그냥

우리가 사는 인생사 같다.

오늘 다르고 내일 다르고 어찌 될지 모르는 인생사~

행복이 없으면 슬픔을 모르고 슬픔을 모르면 행복을 모르는

참 재미난 인생사~

당연한
것

아침에 일어나 물을 마시는데 김치찌개가 있었다.

와이프가 만들고 잔 것 같다…

물을 먹다가 참 행복하다 생각했다.

어찌 보면 음식을 만들고 반찬을 만드는 것이

와이프가 하는 게 당연하다라는 착각 속에 살았다.

그래서 먹을 때도 당연하다고 생각했다.

근데 생각의 전환으로 우리가 당연하다고

생각했던 일상을 매우 고마운 일이라고 생각하면

세상의 만사가 감사한 일이라서 벅찬 하루를

살 수 있겠다라는 생각이 들었다…

당연한 것을 고마운 것으로 생각해 보자…

그때는

그때는 맞는데 지금은 다르다.

과거와 현재는 다르고

시간과 상황에 따라서 모든 것은 변한다.

그걸 모르고 과거의 영화나

그 시점의 실패로 상황을 판단하면 안 된다.

그리고 그때의 선인이 지금의 악인이

지금의 악마가 과거의 천사…

때로는 참 무섭고 조심스럽다…

보석과
돌

누군가에게는 쓰레기로 여겨지는 돌이

나에게는 보석이 될 수 있고

스치듯이 소개해 준 사람이

나에게는 영원히 잊지 못할 은인이 될 수 있다.

모든 삼라만상의 것들이 각기 다른 상황과

자신의 처지에 따라서 보석이 되기도

돌이 되기도 한다…

세상은 참 기묘하다.

지나간
것

어떤 일을 행하고 난 후 후회라는 것을 많이 했다.

지나간 것에 대한 후회

되돌릴 수 없는 일인데… 뒤를 돌아보며 후회를 했다.

지금은 그때보다는 뒤를 보기보다는 복기를 하여

같은 실수를 하지 않으려 한다.

하지만 요즘에도 지나간 것에 대한 집착과 후회 비슷한

느낌을 가진다… 그건 참 씁쓸한 기분이다.

그래서 또 한 번 느낀다… 후회나 기대… 안 하고 싶지만…

하기 때문에 인간이고 로봇이 아닌 거다.

평생 가도 후회 없는 인간은 될 수 없으니 조금만

줄여보자…

공짜 식사는
없다

세상에 공짜는 없다. 이 말이 요즘 조금은 서글프다.

그냥 친절은 없다. 어떤 조건과 필요함을 위한 대화이다.

사업을 하다 보니 당연히 이런 경우가 많다.

대화를 하면 엄청 순순하고 착한 분인가… 생각하지만

대부분 마지막엔 부탁이나 조건이 있다.

그것이 과하면 매너와 경우가 없는 사람이고

그것이 적정하면 좋은 인간관계인가…

세상에 공짜가 없는 것이 참 서글프다…

그래서 나는 아직 공짜가 있는 삶의 인생을 살려고

마음을 열어두고 있다. 나도 변하겠지만…

아직은 주는 기쁨을 알고 있는 내가 좋다.

오늘

오늘 행복하자.

다른 이유에서 오늘을 버리지 말자.

어제 일로 오늘을 버리지 말자.

다가올 일들로 오늘을 버리지 말자.

오늘 그리고 지금 행복하자.

어제 때문에…

다가올 일로

다른 누군가 때문에

오늘을 버리지 말자.

오늘을, 지금을 버리면… 행복해질 수 없다.

오늘 행복하자.

평범한
명언

평범한 명언 하지만 매일 망각하는 명언

무소유

나의 삶에 죽음이 있음을 알고

죽을 때는 지금 가지고 있는

그 어떤 것도 가져갈 수 없다는 걸

알면 지금 이 순간을 살아가는 것이

무소유 할 때 얼마나 찬란한가를 알 것이다.

받아들인다는
것

이기려고 하고

얻으려고 하고

지키려고 하고

인생을 살면서 꼭 해야 할 것들이 있다.

그런데 그런 것들 중

받아들여야 할 것들을 받아들이면

조금은 마음 편한 인생을 살 수 있다.

세계를
움직이는 것

세계를 움직이는 것은

엄청난 기술 혁신이나 전쟁, 혁명 등

큰 이벤트라고 생각했는데

모든 일은 매우 작은 일에서 시작되고

그것으로 큰일이 발생하고

나라가 세워지고 새로운 패러다임이

발생하고 때론 국가나 종교마저 사라진다.

세상을 살아가는 데 크고 거시적인 계획도 좋지만

작은 실천이 인생을 바꿀 기회의 초석이 되기도 한다.

자… 이제 작은 나비의 날갯짓을 시작해 봅시다.

램프의
요정

나에게는 욕망의 램프가 있다. 그곳에는

욕망, 탐욕, 욕심, 질투, 분노 등과 같은 감정이 들어 있다.

이 램프 속에서 잘 융화하고 참고 정제하여

작은 램프의 입구로 조금씩 슬기롭게 배출해야 하는데

자꾸만 램프의 뚜껑이 열리며 폭발한다.

이러다가 램프가 깨지면 되돌릴 수 없는 상황에 이른다.

감정을 잘 다스리고 조절해야 큰일을 할 수 있다.

내 마음속의 램프에 들어 있는 수많은 감정을

조절하고 때론 조금씩 배출하자.

그래야 폭발하거나 깨지는 것을 피하고 안전하게

배출할 수 있다. 그리고 그런 지혜를 가져야만

지금까지 쌓아온 것들을 한순간에 무너뜨리는 일을

피할 수 있다.

중년

요즘 청년이라는 이야기가 이슈이며 화두이다.

내 나이가 40이 넘어보니 나도 이제 중년 초년생이다.

요즘은 청년들의 취업, 집 사는 것, 결혼 등 여러 이슈가

청년들에 맞춰 있는 듯하다…

나는 외치고 싶다. 여기 중년도 있거든요.

저기, 저희도 중년 미래 저축 같은 거 바라거든요.

저희도 아직 집 이자 못 갚고 애는 커가고 학원비 달라는

와이프가 저희를 매의 눈으로 쳐다보고 있거든요.

이러다가 술자리에서 라떼는 말이야 하고 이야기하면…

꼰대라는 이야기가 돌아오고… 와, 서글프다.

중년… 아~~~ 그 찬란한 낀김 세대

여기 중년도 있다고요~~~

느림의
미학

언제나 작은 실수 없이 정확하고 빠른 것
그것이 인생의 모토였는데
지금은 조금씩 나의 몸이
느려지고 부정확해짐을 발견한다.
늙은 건가… 생각이 되기도 하다가
순간적으로 말을 하지 않고 참는 것…
한 번에 결정하지 않고 한 번 더 생각하는 것
급할수록 노란 신호등의 멈춤을…
이런 생각이 든다 승리가 모여
큰 승리를 만들기도 하지만
느림의 미학으로 큰 실패를 피하는 것도
인생의 큰 가치가 있는 것이다.

관계의
의미

의미 없는 인연이 있을까.

하다못해 지하철에서 버스에서

스치고 양보하는 인연도

수많은 관계 중에 작은 인연이다.

그러나 시간이 지나고 보니

무의미한 데 의미를 두고 거미줄같이

지켜온 인연들도 많다. 그리고 사업으로 인해

때로는 관계를 유지하기 위해

여러 가지 의미 없는 자리에 참석하고

나와 다른 의견도 받아들이며

지내온 시간도 있는 것 같다. 오직 나만을 위한

즐거운 시간 그리고 조금은 헐렁한 관계가

나 자신에게 여유와 힐링을 줄 수 있으니

인맥이나 관계에 벗어나는 연습을 하자.

말의
이자

말은 하고 나면

매우 잘해도 본전이고

말이 부족했다면

부족했던 만큼 서운함이라는 이자가 붙고

말이 틀렸다면

그 틀림에 대한 분쟁이라는 이자가 붙고

말이 넘쳤다면

그 넘침에 대한 이자를 내야 한다.

그래서 항상 말을 조심하고

말을 겸손하게 아끼고 신중해야 한다.

말에는 항상 이자가 붙는다.

아침 8시
정거장

출근 시간에 버스 안에서 창밖을 보는데

정거장에서 한 여성이 매우 밝은 미소를

지으며 전화를 하고 있었다.

누구랑 통화를 하길래 저렇게 행복하게 통화할까?

나는 생각했다.

아침 8시에 내가 누군가에게 전화를 해서

저렇게 행복한 미소를 지으며 통화할 수 있는

누군가가 있을까…

2천 개가 넘는 번호를 가지고 있지만…

아침 8시에 저렇게 행복한 미소를 띠면서

전화를 할 수 있는 상대는 거의 없었다.

내가 잘못 산 걸까… 하면서 씁쓸한 하루였다.

그
시절

그 시절이 좋았다고 하는데

그 시절이 좋은 이유는

다시는 그 시절이 오지 않기 때문일 것이다.

나에게도 그 시절이라는 것이 있을까…

나는 딱히 좋았던 그 시절은 없는 것 같다.

감정이 메마른 것일까…

나는 내 인생 중 가장 바쁘고 열심히 사는 지금이

제일 좋다… 앞으로 시간을 헛되이 보내지 말고

지금이 그 시절일 수 있도록

하루하루 황금같이 살아야겠다.

오늘이 바로 그 시절이도록…

왕년에
내가

예전 어르신들을 보면 내가 왕년에 말이야

이런 멘트로 시작하여

자신의 황금시대를 이야기해 주곤 했다.

시간이 지나고 보니 그런 생각이 든다.

작은 사업을 해서 작은 성공에 도취되어

지금 버는 돈을 항상 벌 수 있을 것이라는

착각 속에서 생각 없이 감정적으로

돈을 썼던 건 아닌지 돌아봐야겠다.

주변에 구두쇠라는 분에게 우리는 저리 지독하게

벌고 죽으면 다 못 가져가는데 하고 손가락질한 사람은

최소한 거지는 안 되는 것 같다…

세상에 정답은 없지만 검소함과 야박함을 구분하자.

듣고 보고 말하고
행동하는 것

듣는 것을 잘해야 한다.

그것은 당신의 행동을 이끌 것이다.

보는 것을 잘해야 한다.

그것은 당신의 행동을 이끌 것이다.

말하는 것을 잘해야 한다.

그것은 당신의 행동을 이끌 것이다.

행동하는 것을 잘해야 한다.

그것의 반복이 당신의 습관을 만들 것이다.

습관을 잘 만들어야 한다.

그것은 당신의 인생을 만들 것이다.

살아가면서 매일 겪고 듣고 보고 말하는

소소한 일상이 나의 인생을 만든다.

뜨거운
실패

혹시 두려움이나 걱정으로 아니면 귀찮은 마음에
아무런 일도 시도하지 않고 있다면
뜨거운 실패라는 찬란한 단어를 만날 수 없다.
행운을 바라고 나무에서 떨어질 과일만 매일 쳐다보고만
있다면 지금 자신의 처지에서 변화를 가져오기란
너무 힘든 시대이다. 나이를 먹고 왜 이렇게까지 해야
하나라고 생각이 들 무렵 조금씩 보이는 것이 있다.
무엇이든 지금 시작하지 않으면 내 인생에서
아무런 일도 일어나지 않는다는 것이다.
그리고 시간이라는 큰 기회는 멈추지 않고 흐른다…
아주 사소한 변화부터 시작하라. 그것이 당신을
일으켜 줄 것이다. 그리고 뜨거운 실패를 만나면
찬란한 성공의 맛도 만날 수 있을 것이다.

틀을
깨라

자신이 정한 목표를 위해 매일 자신만의 패턴을 지키고

규칙적인 생활을 하는 건 매우 좋은 습관이다.

그리고 그것은 삶의 기본이 되고

자신을 성공으로 이끌어 주는 좋은 루틴이 된다.

그러나 수없이 반복되고 지켜지는 과정 속에

어떤 갈증이나 벽을 느끼게 될 때가 있다.

그것은 그것에 적응하고 새로운 무언가가

필요하기 시작할 때가 온 것이다.

이런 경우 새로운 영감을 위해 멀리 떠나보고

경험하지 못했던 일을 시도하면서

굳어진 시야를 자극해 보자.

고여 있는 자신을 항상 경계하고 틀을 깨고 나아가라.

그럼 새로운 시작이 기다린다.

인생의
역설

사람은 누구나 행복해지려고 한다.

그러나 재밌는 건 인생에는 역설이 있다.

누구나 행복하다면 그것은 행복이라고 할 수 있을까.

빛이 있기 위해서는 어둠이 존재해야 하며

어둠이 있기에 빛이 존재한다.

행복을 알기 위해서는 아픔을 알아야 하고

맛있고 진귀한 음식을 느끼기 위해서는

맛없는 음식을 경험해야 한다.

행복만 하다고 행복한 것이 아니라

슬픔이나 아픔이 있어야 행복이 존재하는 것이

인생의 역설이다.

그렇기에 지금 불행해도 슬퍼도 좌절하지 마라.

행복을 위한 초석을 다지고 있는 것이니…

행복과
건강

행복과 건강이란 단어만큼

달콤하고 아름다운 단어가 있을까.

요즘 들어 행복과 건강에도 나를 위한 이기적인 부분이

있어야 된다는 걸 느낀다.

행복과 건강의 핵심은 내가 먼저

행복하고 건강해야 한다는 것이다. 남을 도우며

누군가를 위해 살고 또 부모님이나 자식을 위해

사는 것이 건강하고 배부르고 행복한 것이란 건

너무나 동화책에서 나오는 이야기가 아닐까…

내가 하고 싶은 일 하고 내가 행복한 일 하고 내가 건강해야

남에게도 행복을 줄 수 있는 것 같다. 나 자신을 사랑하고

스스로 행복을 찾고 건강하지 않다면 행복의 문턱으로 데려다

주는 사람은 없다. 나부터 행복하고 건강하자.

결정의
시간

너무 외로울 때 소개팅하지 말 것

배고플 때 장 보지 말 것

불편한 침대나 의자 사지 말 것

화났을 때 의사결정 하지 말 것

코너에 몰렸을 때 약속하지 말 것

급할수록 한 번 더 생각하고 답변할 것

이런 속담이나 격언이나 조언은

하나로 귀결되는 것 같다.

자신이 생각해서 결정하는 것이 아니라

내 상황이 내 의지를 넘어서 결정하게 하는 것을

경계하는 것 같다. 우리는 그 상황이 오기 전에

의지대로 살아야 실패를 피할 수 있다.

반전의
인생

요즘 계속 안 좋은 일이 일어나고
친한 사람들과 다툼이 일어나고
잘 진행되던 프로젝트가 어긋나고
싸우지 않던 연인과 다툼이 일어나고
출근 시간 열차가 눈앞에서 지나가고
중요 발표 자료 작성 중 컴퓨터가 꺼지고
배고파서 끓인 라면을 옮기다가 엎어버리고
다른 사람들이 내 흉을 보기 시작하고
이런 일들 외에도 많은 좋지 않은 일들이 일어날 때
요즘 나는 생각한다. 우와, 얼마나 더 큰 행운이 있으려고
이런 일들이 계속되는 거지…

그럼 지금부터 반전의 인생을 서술하겠다.
계속 좋은 소식이 들려오고
친한 사람이 문자로 오해를 사과하고
어렵던 프로젝트가 의외의 실마리로 더 큰 수주가 되고
싸웠던 연인과 서로의 다름을 알고 한 단계 더 발전하고

출근 시간 지나간 열차가 고장이 나고

중요 발표 자료를 잃은 뒤 더 좋은 아이디어가 생각이 나고

너무 배가 고픈데 지인에게 치킨 쿠폰이 선물로 오고

사람들이 다시 나를 칭찬하고 믿는다는 글이 게시판에 올라오고

세상의 흐름은 계속 바뀐다…

영원한 불행도 영원한 행복도 없다.

그렇기에 우리는 지금 불행하다고 해서 슬퍼할 필요도

지금 잘나간다고 해서 겸손함을 잃어서도 안 된다.

언제나 인생은 행복과 슬픔이 공존한다.

와이프
공주 만드는 법

지인분과 저녁 먹으며 대화하는 도중에
와이프분에게 참 다정하게 이야기하는 걸 보고
정말 와이프분에게 자상하시네요, 했다.
그분이 하는 이야기가 와이프를 공주 대접 해주고
아껴주고 사랑해 주면 와이프는 공주가 된다고 했다.
순간 떵하며 나를 돌아본다.
육아와 현실 속에서 와이프의 잘못된 점을 지적하고
상처 되는 말을 주고받으며 불만이 쌓여
싸움이 잦아지고 있었다… 그래… 와이프에게 따스한 말
한마디… 그리고 아껴주면 와이프는 부드러운 여자가 될 텐데
사람을 변하게 하는 것은 큰돈이나 선물이 아닌
어쩌면 평상시 내가 하는 말과 행동 소소한
일상일 수 있다.

전화위복

여러 가지 팩트로 인하여

승리하지 못했다면 그것은 억울해할 필요가 없다.

그만큼 자신이 부족했던 것이고 또 이 일로 인하여 자신을

돌아보고 더 높은 곳으로 발돋움할 수 있는 계기가 된다.

언제나 어려운 일이 있다가 좋은 일이 오니 포기하지 말고

끈기 있게 집중하면 된다.

다만 성공 후에는 겸손하고 오만함을 경계하라.

진심

진실한 정공법은 강철을 뚫고

거짓 없는 관계는 무쇠보다 강하며

진심을 다한 마음은 태산을 옮긴다.

절실한 목표를 설정하고 성실하고 진심을 다해

꾸준히 행한다면 마지막 결과는

창대하리니 언제나 목표로 가는 과정 속에서

시련과 실패에 굴하지 말고 그 상황에서

핑계 대신 방법을 찾아 극복하라. 그리고 하루에

자신의 목표에 단 1센티라도 다가간다면

당신은 어떤 형태의 모습으로든 성공을

만날 수 있다. 오늘도 수고했습니다. 실패

하셨다고요… 걱정 마세요. 그것은 당신을

더 강하고 멋진 모습으로 만들어 주는 과정입니다.

관계

사람과 마음을 통하고 서로에게 길들여진다는 것은
참 무서운 것이다. 한없이 좋을 것만 같았지만…
모든 것에는 그 끝이 있음을 우리는 항상 망각한다.
그리고 잘못된 관계가 오래되어 서로에게 길들여진다면
관계의 수명이 다하여…
그 끝이 있다는 것을 알았을 때… 너무 아픈 칼날에
심장이 찢어지는 고통과 허무함 그리고
배신감이 밀려온다. 그러나 누구의 잘못도 아니다.
사람의 관계라는 것은 서로에게 길들여지고 관계의
수명이 다하면 헤어지고 또 새로운 관계를 만들어 가고
그 관계에서 같은 실수를 다시 하지 않으려 하지만
비슷하게 진행되고… 그러면서 더 성숙해지는 그런 것 같다.

이별주

요즘에는 술자리도 재미가 없고
술 먹고 다음 날 숙취로 시간을 날려버리는 것도
너무 아깝고 건강검진의 간 수치가 올라가는 것도
부담스럽다. 술 먹고 즐거운 날도 있지만… 의견 충돌하여
언쟁을 심하게 하게 될 때도 있고 만취한 날 핸드폰을
잃어버리는 경우도 생긴다. 하지 말아야 할 이야기도
하고 참을 수 있었던 일도 질러버리고 후회하는
경우도 있다. 차 시간이 지나서 어마어마한 택시비도
부담스럽고 늘어나는 뱃살도 싫다.
그리고 제일 중요한 것은 다시는 돌아오지 않는
아이들과 놀아줄 수 있던 시간을 술에 팔려
허비하고 있는 것이 서글퍼진다.
그래서 술과 이별을 하려 한다.

완벽함의
함정

항상 완벽을 추구하고 절대로 실수하지 않을 거라고
결벽적인 완벽함을 추구한다. 자신 스스로에 대한 판단은
자신이 할 수 없는데도 나는 완벽하다는 함정에 빠진다.
그리고 자신의 완벽함에 도취가 되어
상대방의 실수는 정신적인 해이에 의한 문제라고 생각한다.
그리고 자신의 실수는 매우 작은 티끌로 생각한다…
완벽함이라는 것은 함정이 있다. 완벽함의 함정을
경계하고 좀 더 유연함으로 인생을 살아야
거짓된 완벽함에 대한 함정에 빠지지 않게 된다…
세상의 신도 완벽할 수 없다.

사람은
모른다

열 길 물속을 알아도 한 길 사람 속을 모른다고 하지

않았는가… 그것이 얼마나 귀납적으로 축적이 된

선조의 속담일까.

사업을 하고 결혼을 하고 자식을 가져보고

친구를 만들고 직원을 채용하고 헤어지고

비즈니스를 하면서 배반도 당하고 돈도 잃어보고

수많은 사람들과의 관계를 맺으면서

세상에는 참 별의별 사람이 존재함을 느낀다. 그리고 각각

상황이 존재하며 시간에 따라서 변하는 마음을 가지고

있는 것이 사람이구나라는 생각을 한다…

그래서 잘 아는 사람이라도 그 상황이나 시간에 따라서

달라지는 것이 사람이기에 우리는 사람을 알 수가 없다.

다짐

나는 실패를 두려워하지 않으며

포기하지 않고 끝없이 도전한다.

실패를 했을 때 내가 포기하지 않으면 그 실패는

실패가 아니다. 목표를 설정했지만 작은 실패에 포기하면

끝나지만 실패를 교훈 삼고 받아들여

끝없이 도전한다면 성공은 우리를

마중 나와 있을 것이다.

그리고 준비되지 않은 성공은

독약과 같은 것이므로 작은 성공이나

뜻하지 않은 행운에 취하여

인생 전체를 망치는 일을 경계하고

항상 겸손과 기본을 지키는 삶을 살아야

마지막에 웃을 수 있다. 내 마음을 잘 다스린다면

작은 이탈은 있어도 대세를 꺾을 수는 없다.

인생의
덤

내가 목표를 가지고 어떤 일을 했을 때

생각지도 못한 일이 일어나서 목표로 한 것보다

더 좋은 일이 생겨 기존의 목표를 뛰어넘는 일이

매우 드물지만 한 번씩 있다.

그것은 어떤 일을 행하였을 때 발생되는

인생의 좋은 덤이라는 것이다. 근데 그 덤이 생기려면

어떤 일이든 실행을 하고 또 성실하게 열심히 할 때 오는

세컨드 찬스 같은 개념이다.

아무 일도 하지 않으면 아무것도 일어나지 않는다는

말이 있다.

달콤한 덤이라는 행운을 맛보려면 지금 자신이 생각한 일을

실행하라… 바로 지금 아주 작은 것부터…

정상의
독

대부분의 사람들은 자기가 하는 업이나 경기에서
정상에 오르고 싶은 욕구가 있다.
그리고 그 욕구는 목표의 연료가 되어 꾸준하게 노력하고
마지막은 정상에 오르고 싶어 한다. 그 정상의 의미는 각자
다르고 위치는 사람마다 틀리지만 현 상황보다 더 좋은
곳으로의 의미는 맞을 것이다. 하지만 그 정상에 오르고자
하는 욕구나 열정이 욕망이라는 욕심으로 변하면
정상의 독이 되어 자신을 가두고 압박하여 내가
인생을 사는 것이 아닌 욕망이 내 인생을 살게 되어 인생이
우울해지는 경우를 종종 본다. 정상의 의미는 각자
다르지만 어떠한 정상을 가든지 욕망에 매몰되어 주변을
보지 못하는 맹인이 되는 것을 경계하고 그 목표가 인생에
즐거움을 주는지 항상 돌아보아야 한다.

인정과 칭찬은
고래도 춤추게 한다

초보 사장 때는 내가 청소부터 영업과 기술까지

다 하려고 하고 내가 이끌어 가야만 한다는

책임감 같은 자만과 아집에 사로잡혀 있었다…

조직이 3명, 5명, 10명이 넘으면서

혼자서 모든 걸 할 수 없고 분명히 조직이라는 것이

왜 존재하는지를 조금씩 알기 시작했다.

그 사람이 무엇을 잘하는지 그리고 어떤 성향과 특성인지를

파악하고 상대방이 잘하는 부분을 인정하고 칭찬하면서

작고 느리지만 조금씩 조직의 힘이라는 것을 느꼈다.

절대로 혼자는 할 수 없는 일들을 하게 되고

더 큰 목표를 보게 되었다.

나는 인정과 칭찬은 고래도 춤추게 한다는

이 말을 이제는 믿고 세상은 혼자 살 수 없다.

책임감과
말의 무게

나는 항상 말이 많았고 대화에서도
말을 상당히 많이 했던 스타일의 성향이었는데
나이를 먹고 작은 회사의 대표가 되면서
말의 무게가 점점 더 크다고 느끼고 있다.
다행히 내가 한 말에 대해 책임감이
큰 성향이라서 지금까지는 내가 한 말에 대하여
90% 이상은 지키며 살아가는 것 같다.
하지만 직원이 늘어나고 어떤 의사결정에
대하여 되돌리기 어려워진다는 걸 알면서
말의 무게에 대하여 매일 반성하고 되새긴다.
그래서 나는 나의 인생 스승의 말을 되새긴다.
삼사일언…

타인을 함부로
이야기하지 말라

타인은 나의 거울이 될 수도 있고
시간에 따라 어떻게 변할지 모른다.
그리고 그 타인의 모습이 내가 될 수도 있다.
그래서 항상 타인을 이야기할 때는
자신을 투영하여 자신도 역으로 저렇게
될 수 있음을 생각하여 과하게 비판하거나
상대방을 사람들 앞에서 공격하는 것을 삼가하여야 한다.
그리고 그 타인이 세월이 흐르고 돌고 돌아
연이 되어 당신에게 도움이 될 수도 있다.
그러니 상대방이 나에게 원수의 죄가 아니라면
자신이 조금 손해 보더라도 싸움을 피하고 과하게
비판하지 말고 논쟁을 하지 않는 것이
세상을 살아가는 지혜이며 작은 손해는 언제나
더 큰 미덕으로 돌아온다.

글발

글을 쓰면서 느끼는 감정인데

사랑을 한다고 해서 이별을 했다고 해서

슬픈 일이나 행복한 일이 일어났다고 해서

글이 잘 써지는 것은 아닌 것 같다.

정말 무념무상일 때 어떤 감정과 이성적인 생각이

절묘한 혼합비율이 되었을 때

비로소 글발이 좋은 날이 되는 것 같다.

너무 잘 쓰려고 하거나 너무 감정으로 치우치거나

꼭 언제까지 써야 한다는 의무감 등이 생기면

그런 글들은 나중에 읽어보고 거의 90% 폐기한다.

글 쓰는 것 또한 모든 인생사처럼 모든 것은 마음대로

되는 것이 아닌 것 같다.

살다 보니
느끼는 것

무엇인가 목표한 부분을 성취하고자
전력을 다해 노력하고 소중하게 가지고 싶었던
귀중한 것을 노력해서 가지게 되면 신기하게도
하나를 가지면 하나를 잃게 된다.
인생은 하나를 얻으면 하나를 잃어가는 것임을
느끼는 요즘 생활이다.
그리고 그것에 대하여 서글프거나 놀랍지도 않은 것이
이제 나도 점점 나이를 먹어가는 것 같다.
이제는 조금은 놓을 줄도 알고 보낼 줄도 아는
나이가 되어가는 것 같다.
초고속 열차처럼 앞만 보고 달리는 인생에서 천천히
옆도 보고 뒤도 볼 시간이 다가옴을 40대 중반에 이르러
조금씩 느낀다.

장애물

장애물을 장애물로 생각하면 힘들어지지만
장애물이 나를 한 단계 올려주는 디딤돌로 생각이 된다면
장애물은 나쁜 것만은 아니다.
어려움에 처해 있을 때 핑계보다는 방법을 찾고
두려움에 시도를 못 한 일이 있는 경우 실패할
결과를 생각하기보다는 지금 당장 이 일을
실행하여 내가 하나라도 깨우치는 것을 즐겨야 한다.
이처럼 삶은 자신이 가진 마음과 시선의 차이로
인생의 방향이 엄청나게 달라진다.
자, 이제는 수많은 핑계로 시작 못 했던 일을
긍정의 힘 그리고 할 수 있다는 의지를 가지고
지금 당장 실행하라. 왜냐하면 당신이 기다리는
최고의 때는 절대 오지 않기 때문이다. 때라는 것은
지금 시작해서 조금씩 최고의 때를 만들어 가는 것이다.

시절인연

그 시절에 맞았던 것이 지금은 다르고

지금 맞았던 것이 나중에는 달라지고

그 시절 참 친하게 지냈던 동료나 친구들

그때는 맞고 지금은 다르고

글을 쓰면서 1년이 되었을 때 글의 반절 정도를

모두 지워버렸다…

그때의 감정은 그랬었다. 이게 내가 쓴 글이 맞을까 하는

생각이 들 정도로 글들이 괴이하고 창피했다.

그 시절 글을 쓸 때는 맞았던 글들이었을 텐데…

그때의 감정에서는 그게 맞았을 텐데… 지금은

틀린가보다. 내가 쓴 글조차도 시간이 흐름에 따라서

달리 보이고 스스로 부정할 정도인데… 그 시절 인연은

얼마나 변하고 빠르게 스쳐 지나가고 있을까…

인연이라는 것도 때가 있는 것인가 보다.

이것만
고치면

이것만 고치면 모든 것이 잘될 줄 알았다.

그래서 노력 끝에 그것을 고쳤다…

그것을 고치고 나니 다른 곳에서 다른 문제가 생겨난다.

그렇게 이것만 고치면 문제가 해결된다고

생각했던 문제들이 결국에는 잘라내고 고친다고

모두 다 해결되는 것이 아니라는 걸 알게 되었다.

인생을 살고 사회생활을 하면서 어떤 한 부분만

없어지거나 잘라내면 모든 것이 잘될 것 같지만

결국 새로운 문제가 생기고 또 그것을 고치고 잘라낸

효과로 파생되는 새로운 문제들로 예기치 못하게

악화되는 현상이나 새로운 국면이 발생되는 경우도 있다.

그래서 요즘은 어떤 하나만 고치거나 버린다고 해서

좋아진다기보다는 모든 것을 조화롭게 만들어 가는 것이

방법이라는 생각이 든다.

주음실언

말은 무서운 존재다.

근데 말을 지시하는 것이 뇌인데

술을 먹고 뇌를 마비시키거나 혼란하게 하면

입에서는 말이 아닌 화살이나 칼이 되는 것들이

나와서 상대방 가슴 깊이 상처를 내기도 한다.

술이 과하여 나오는 말들은

직설적이거나 오버해서 발설하게 되어 본질보다는

감정적으로 격해지기도 한다.

나이를 먹고 말을 할 때는 더욱 조심하고

경계를 해야 하니 기분이 너무 좋거나 기분이 너무 나쁜 때

술을 많이 먹고 이야기하는 부분을 금지해야 실수가

적으며 여러 구설수를 피할 수 있다.

그러나 술을 먹고 말을 조절하는 것은 어려우니 술 자체를

조절해야 한다.

계속되는 승리는
독을 품는다

완벽하고 실수 없는 계속되는 승리만 하는 사람이 있다.

그런데… 이런 사람이 한 번의 패배나 실패를 겪게 되면

다시 일어서는 것이 굉장히 어려울 수 있다.

우리는 실패에도 익숙해야 한다.

그리고 인생에는 성공과 연승이 아닌

패배와 실패도 있다고 생각해야 한다.

인생은 길고 변화무쌍하고 험한 길도 더러운 길도

그리고 내가 아닌 다른 것에 의해 모든 것이

흔들릴 수도 있다…

지금 방금의 성공이 당신의 마지막까지를 책임져

주지 않는다… 매일이 다르며 또 매일이 시작이고

끝이기 때문이다… 인생은 그렇기에 단면만 보면 안 되는

심오한 것이다.

큰 성공보다
작은 성공

지금은 과거에 비하면 모든 면에서 조금은 여유로워졌다.
과거를 돌아보면서 느낀 것은 나는 어떤 로또 같은
큰 성공으로 무언가를 이루지는 않았다.
정말 하루하루 조금씩 조금씩 보이지 않지만
오늘보다는 더 나은 하루가 되려고 노력하면서
숨을 죽이고 내가 하는 일에 집중하고 즐기며
지내왔다. 시간이 흘러 지금 느끼는 것은
큰 성공도 좋지만 수많은 작은 성공들과 작은 실패들로
점점 성공의 방향으로 다가가는 것이 더 좋은 것 같다라는
생각이 든다. 왜냐하면 작은 성공이 계속 쌓이고 쌓이다 보니
그 작은 성공이 모여서 한 번의 큰 성공보다 더욱 단단하고
강하게 나를 만들어 주었다… 그래서 그만큼 더디고
힘들었지만, 반대로 무너지는 것도 더 어렵게 단단해졌다.

그리운
사람

그냥 잘했든 못했든 보고 싶은 사람들이 있다…

신해철 형

이선균 배우

노회찬 의원

윤동주 시인

송해 할아버지

그리고 아버지가 끓여주신 기름 가득한 김치찌개

노래나 시나 영화 그리고 사진으로 어렴풋이 기억날 때

그들을 볼 수는 있는데… 아버지가 끓여주신 그 맛은

어떻게 해도 기억이 나지 않아서… 가슴이 시릴 때가 있다.

용서와
은혜

은혜롭고 감사한 일은 대리석에 새기고
슬픔과 서운함은 바닷가 모래사장에 새겨라.
이 말이 요즘에 가슴에 와닿는다.
예전에는 복수를 하고 꼭 돌파를 하고
이겨야지만 내가 승리했다고 자부했지만…
요즘은 싸우지 않고 이기는 법 또는
서로서로 잘되는 방법을 찾아
최대한 이슈 없이 해결을 하려고 한다.
그러기 위해서는 위의 구절을 한 번씩
생각하고 지내면 좋을 것 같다.
강하면 부러지지만 부드러우면 휘어지고
부러지지 않는다.

인생사의
무서움

일이 잘되고 행복이 충만하여
맛난 것도 먹고 지금 누리는 나의 모든 것을
행복인지 인식하지 못할 즈음에
인생은 나에게 또 숙제를 주고
또 쓰디쓴 실패와 와~ 정말 이렇게까지
좋지 않은 일이 연속으로 발생하다니 하면서 읊조린다.
그리고 너무나도 지칠 즈음에 해결할 방법과
실마리를 주고 우연히 지인이 도와주면서
와, 이런 행운이 왔네. 생각을 하게 한다.
또다시 작은 것에도 행복을 느끼게 하고 만족을 하게 하는
신묘함이 있다. 인생은 내가 기울어질 때 꼭 나타나서
기울어진 슬픔과 행복의 추를 잡아준다.

나는 오늘도 겸손함을 입에 물고
하루를 시작한다

겸손이라는 단어는 사람을 더욱 빛나게 하는 단어이다.

사람은 언제나 성공과 실패를 하지만

성공을 한두 번 하게 되면

과거의 실패와 어두운 날을 잃어버린다.

아침에 일어나 자신이 힘들었던 시절이나

자신을 도와준 사람들에 대한 고마움을 가지고

겸손한 마음으로 무장하여 하루를 시작한다면

자신이 한 단계 더욱 발전하는 나를 보게 될 것이다.

겸손은 자신을 더 빛나게 해주는 힘이다.

뒤돌아보기

항상 승리를 위해 앞으로 전진하다 보면

때론 내가 하는 승리가 정말 승리인지

뒤를 돌아볼 줄 알아야 한다.

나는 분명 제대로 된 방향으로 전진한다고 생각하고

승리를 취하며 앞으로 나아갔다.

하지만 정말 방향이 맞는지 한 번씩은 뒤돌아보자.

그 승리를 위해 희생된 부분은 없는지…

제대로 된 방향이 맞는지…

주변에는 또 누가 남아 있는지…

승리를 한다고 해도 우리는 뒤돌아볼 여유가 있어야 된다.

너무 멀리 가면 돌아갈 수 없다.

이른 나이의
성공에 대하여

나는 성공이라는 것을 매우 경계한다.
특히 어린 나이의 성공에 대한 부분은
정말 경계하고 조심해야 한다고 생각한다.
작은 성공이 쌓여서 차근차근 올라간 성공은
매우 견고하며 그 중간의 실패와 시련이라는 매우
강력한 철근이 심어져 작은 풍파나 큰 충격에도
버틸 힘이 있지만 어린 시절 벼락스타나
벼락부자가 되는 것은 그 성공을 담을 자신의 그릇이
만들어지기 이전에의 성공이기에 항상 넘치고
그것을 관리할 수 없다. 그리고 그 적은 나이에
맛본 큰 성공은 자신을 그때의 기억에 중독되게 하고
사로잡혀서 더 이상의 발전을 못 하게 하는
족쇄가 될 확률이 높다.

자녀들과의
시간

아이가 태어나서 10년 동안 나와 함께한 시간을
돌아보면 정말 짧은 시간이었음을 느낀다.
돈을 벌어서 먹여살리기 위하여
나의 꿈을 위해 노력하느라고
지인들과의 소주 한잔하는 시간으로
살아가면서 수많은 일로 아이들과의
시간이 정말 짧았다고 뒤돌아보니 느낀다.
아이들과 함께할 시간이 아닌
나의 아이로서 함께할 시간이 얼마 남지
않았다는 것을 느끼는 지금 조금은 서글프다…
무엇을 위해 나는 살았던 것일까???

익숙함에
속지 말자

살면서 1년, 3년, 5년이 지나는 인간관계가
이어진다는 것은 그래도 어느 정도 나와 관계가 좋은
사람들이 대부분이다. 만일 그런 관계가 아닌 너무나도
스트레스가 심한데 3년, 5년 관계를 유지한다면 관계를
되돌아볼 필요가 있으며 내 인생의 중요한 부분이
무엇인지 자신에게 다시 물어볼 필요가 있다.
다만 좋은 관계가 오래될수록 우리는 익숙함에
속지 말아야 한다. 우리는 오래되었으니, 그 사람은
내가 이래도 이해할 거야. 이 정도쯤은 서로 물어보지
않아도 알 거야. 와, 이 사람만큼은 좀 더 큰 걸 기대했는데.
시간이 오래되었다고 익숙해졌다고 내 생각 안의
사람이 된다는 것은 정말 큰 인생 오류이다.
익숙하다고 해서 소중함을 잊어서는 안 된다.

아침 나의
다짐

감사합니다. 겸손하겠습니다. 기대를 하지 않겠습니다.
말을 조심하겠습니다. 욕을 하지 않겠습니다.
술을 조심하겠습니다. 감정을 관리하겠습니다.
나는 행복한 사람이 된다… 나는 건강한 사람이 된다.
나는 멋진 가장이 된다. 나는 와이프에게 잘하는
남편이 된다. 나는 훌륭한 사업가가 된다.
나는 친절한 시민이 된다. 나는 미래의 신성장 동력의
해법을 찾아 실행하고 그 비즈니스의 리더가 된다.
책과 운동은 나의 친구이자 스승이며 술, 여자, 담배, 도박
매몰되는 인간관계를 멀리하여 근묵자흑을 피한다.
나는 목표를 세우고 실패를 두려워하지 않으며
포기를 하지 않고 끝없이 도전한다.

나는 나의 사랑스러운 가족과 소중한 지인들과 함께
행복하고 건강하고 웃음이 가득한 삶을 살 것이다.
감사합니다. 겸손하겠습니다. 기대를 하지 않겠습니다.
말을 조심하겠습니다. 욕을 하지 않겠습니다.

술을 조심하겠습니다. 감정을 관리하겠습니다.

항상 이 말을 명상과 함께 스스로에게 새긴다…

이 시간은 5분도 안 걸리지만… 하루를 빛나게 해준다.

가족이니까

가족이라서 막 대하는 것

가족이니까 이해해야지…

가까울수록 더 예의를 갖추고

더 아껴줘야 하는데

우리는 그들은 가족이니 당연해. 그리고 그들에게

이 정도는 해도 돼, 하는 무의식 속의

행동이 그 소중한 가족들이 나에게서 떠나가게 만든다.

그리고 그렇게 떠나버린 건 돌아오지 않는다.

아픈
구두

아주 이쁜 구두지만 맞지 않는 구두에
발을 넣었다. 시간이 지날수록 내 발은 부어오르고,
구두는 점점 나를 옥죄어 왔다.
그렇게 오랜 시간 걸었다. 결국 뒤꿈치에 상처가 났고,
참고 또 참고 걸었더니 상처는 더욱 깊어졌다.
인간관계도 맞지 않는 사람과 일부러 맞추려고 하고
관계를 이어가려고 했던 시절이 있다.
오랜 시간이 지나면 서로 맞춰지는 것이 인간관계지만
세상에 좋은 인연이 많은데 굳이 맞지 않는 구두를
신고 상처를 받듯이 관계를 이어갈 필요는 없다.
나를 좋아하고 나와 맞는 사람과 인생을 즐기기에도
시간이 짧다는 걸 느끼는 시절이다…

지금은 맞는데 그때도 맞을까?

안 돼도
괜찮아

오늘 실패의 바다에서 허우적거리는가?

오늘 몸이 아파서 도전할 수 없는가?

오늘 너무 큰 실패를 맛보았는가?

오늘 그렇게 원하던 입사에 낙방을 했는가?

오늘 사랑하는 여인에게 뻥 하고 차였는가?

걱정하지 마라… 우리가 다시 시작할 수 있다는 의지만

있다면 우리는 또 다른 시작을 할 수 있다.

우리는 내일을 받는 축복받은 사람들이다.

자, 눈을 감고 내일 새롭게 떠오르는 태양을

가슴 설레게 맞이하자.

그대들은 모두 할 수 있고 무엇이든 될 수 있다…

나
그대에게

나 그대에게 어두운 숲속의

반딧불이 되겠소.

나 그대에게 어두운 바다 한가운데

등대가 되겠소.

나 그대에게 가로등 없는 밤길의

밝은 달빛이 되겠소.

나 그대에게 무더운 여름의

시원한 바람이 되겠소.

나 그대에게 낯선 새로운 길의

나침반이 되겠소.

나 그대에게 하나만 바라니

그대는 작은 미소만 지어주시오.

아들딸 사랑해…

원상
복귀

사람들은 어떤 일이 일어난 후에 원상 복귀를 하는 것이

얼마나 어려운 것인지 종종 나에게 이야기한다.

그런데 나에게 정말 쉬운 원상 복귀가 있다.

그것은 한 달 간 뼈를 깎는 다이어트를 해도

나에게 단 3일만 있다면

얼굴과 배를 원상 복귀 할 수 있는 능력이 있다.

난 이처럼 쉬운 원상 복귀를 본 적이 없다.

정말 쉽다 쉬워가 입에서 나올 정도다.

얼굴은 보름달 배는 한라산, 하아~~~

진짜 다이어트는 평생 하는 거다…

하늘아

예전에 자주 듣던 말 중에
하늘이 우리를 바라보고 있다고 하는데
가끔 나도 하늘을 바라보고 있다.
진짜 사람들 입에서 하늘도 무심하시지
말 안 나오게…
우리 서로 잘하자…

마라톤과
인생

요즘 10km 마라톤을 시작했다.

처음에 5km 마라톤을 재미로 시작했는데

그때는 3km만 돼도 심장이 터지려고 해서

굳이 이 고통스러운 것을 왜 하는 거지 하면서

포기하고 싶은 시기가 왔다. 그러나 나는 여기서 포기하면

다시는 못 뛸 것 같아서 끝까지 달렸다.

그렇게 3km, 5km, 10km를 뛸 수 있게 되었다.

미니 마라톤을 하면서 풀 코스는 아니지만 힘들 때 문득

인생과 닮았다는 생각을 많이 한다.

오늘 뛰면 내일은 조금은 성장하는 나를 볼 수 있고 지금

멈추고 싶지만 포기하지 않으면 목표를 달성하여

달콤한 카타르시스를 느낀다. 어떤 일이든 목표를 정하고

시작하면 속도는 중요하지 않다. 다만 포기하지 않고

자신의 페이스대로 가면 된다. 그럼 새로운 길이 열린다.

몸살후애

요즘에 정말 심각하게 아팠다… 온몸이 으스러지는
몸살에서 누런 코감기와 기침으로 그리고 최악의
결막염으로 눈에 본드를 붙인 듯이 눈은 보이지 않고
눈 속에 돌이 굴러다니듯이 뻑뻑하고 아팠다…
그러다가 조금 괜찮아져서 물 한 모금을 넘기려고
주방에서 정수기에서 물을 받는데… 거실에서 아이들이
노는 소리를 듣고 약을 챙겨주는 와이프를 보는데…
참 새롭게 보였다.
열심히 산다고 살았는데… 이게 감기가 아니고
진짜 큰 병이라면 모든 것이 참 부질이 없다는
생각이 들었다… 돈이 많으면 뭐 할 거지?
왜 와이프에게 그렇게 모질게 이야기들을 했지…?
아이들과 시간을 왜 많이 가지지 않았지?
감기나 몸살이나 매번 겪던 병인데… 이번에는 참 새롭게
다가온 지독한 독감이었다… 건강, 행복, 가족, 여러 인생의
중요한 요소들이 다시 재정립되면서 몸살이 난 후에
인생의 중요한 것들에 대한 사랑을 다시 찾게 해준 것 같다.

지극히 평범한 삶이 이토록 소중한 것이었다니…
마치 스크루지 영감이 꿈을 꾼 듯이…
나는 심각한 몸살을 겪고 새로운 세상을 보게 되었다…
이것을 나는 몸살후애… 몸살 뒤의 사랑이라고 부른다.

실수는
좋은 약이다

자신의 실수는… 아프지만… 누구나 겪는

시련이고 공부이다… 그 아픔이 클수록 배움의 깊이도 깊고

그 속에서 자신을 돌아보고

얼마나 자신이 행복했었는지 얼마나 건방졌는지…

알게 된다…

지금까지 잘했다… 그래, 실수할 수 있어.

근데 그것에 매몰되어 앞으로의 일과 지금의 행복을

지나친다면 그건 정말 더 큰 걸 잃고 있다고 생각해야 한다.

잊어버리자. 새로 태어나자. 웃자. 잘될 거다.

힘내자. 울지 말자. 너는 잘하고 있어.

또 기회는 온다… 좋은 보약이라고 생각하고… 잊자…

지나가고 어찌 할 수 없는 일에 매달리지 말고 자기

자신을 사랑하고 실수에서 배우고 더 큰 사람이 되자.

맘편

세상 모든 것 중에 마음 편한 것이 최고라…
조금 덜 먹고 조금 더 불편하고 조금 더 못 가져도…
세상에 마음 편한 것이 최고다…
더 먹기 위해 속이고
더 가지려고 전전긍긍하고
눈앞에 있는 이득에 눈이 멀어 잠을 자지 못한다.
남보다 조금 더 불편하고 몸이 힘들어도…
마음 편한 것이 최고인데… 사람들은 망각한다.
언제나 마음이 편하고 떳떳하고 삶의 기본을 지키며
진실하다면 그곳의 삶이 천국일 것이다.
세상에서 마음 편한 게 제일이다.

진짜

시드니까 꽃이다. 푸르고 이쁘기만 하다면 조화다…

그래서 나는 나의 늙음과 고장 남을 환영한다.

그게 진짜다.

그래서 나는 나의 낡아감도 사랑한다…

용서

일반적으로 용서라는 말은 마치 무겁고 어렵고
정말 힘든 말처럼 다가온다.
용서의 사전적 의미를 찾아보니 지은 죄나 잘못에
대하여 꾸짖거나 벌을 주지 않고 너그럽게 보아줌
이라고 되어 있다.
용서라는 것은 참 어렵지만 하고 나면 정말
나를 사로잡던 시기, 질투, 화, 복수심, 미움 등을
내려놓고 새로운 삶으로 거듭나게 해준다…
용서는 두 가지가 있다. 자신을 용서하는 것과
타인을 용서하는 것 두 가지…
꼭 미워하고 복수를 해야 시원한가 자신에게 물어봐라.
그럼 그 복수의 끝, 그다음은 무엇이 기다리고 있는가?
복수를 준비하고 미움으로 꽉 차서 산다면 그 감옥은
내가 만든 감옥이 아닐까…
이처럼 용서는 내가 누군가를 너그럽게 보아주는
사전적 의미가 아닌 나를 더욱 고차원적인 행복으로 이끌고
해방시키는 마법 같은 주문일 수가 있다. 그러나…

사람마다 가치와 인성의 차이가 있고
부모의 원수… 자식의 원수 등 절대로 용서가 되지 않는
선이 있을 수 있다… 그러나 결국… 돌이킬 수 없는
현실을 인지하고 시간이 오랜 기간 흐른 뒤에는 모든 것을
내려놓고 해방시키는 용서가… 나를 더 행복하게 하고
감옥 같은 삶에서 해방이 되게 할 수 있는 듯하다.

엄마의
신선한 공기

어느 날 어머니와 통화하는데…

어머니께서 우리 아들, 우리 아들은 엄마의 산소야.

우리 신선한 공기 같은 아들, 조심하고 잘 지내.

이러고 전화를 끊었다.

내 나이가 이제 40대 중반을 들어가는데도

나는 아직도 어머니에게 어린 자식인가 보다…

그리고 나는 어머니의 신선한 공기였다…

내가 잘못되거나 무너지거나 없어지면

우리 어머니는 산소가 없어지는 거다…

어머니의 산소로서 맑고 행복하게 사실 수 있도록

내가 열심히 행복하게 잘 사는 모습을 보여드려야겠다.

나는 어머니의 맑은 산소니까…

부부싸움을
피하는 방법

오늘 밤 나는 생각한다…
서로에게 기대를 하지 않고
아이에 대한 기준을 낮추고
서로가 다름을 인정하고
거짓말을 하지 않는다.
그렇게 오늘 아침이 왔다. 널브러진 와이프의 옷을 보고
옷 좀 옷걸이에 걸라고 싸우는데
와이프 왈 일부러 한 번에 걸려고 내려놓은 거라는…
아… 다름을 인정하자… 한 번에 걸려고 내려놓은 거야…
분명 어젯밤에 서로에게 기대하지 말자고…

아프다는
것

나이를 먹고 가끔 몸이 아플 때

새로운 걸 많이 깨닫는 시간이 된다.

처음에는 아픈 것을 나으려고 약을 먹기도

주사를 맞기도 하지만 지나 보면

새로운 걸 많이 느끼는 시기가 된다. 쉬운 예로

손가락을 심하게 베어서 머리를 감는 것도

너무 힘들고 머리에 왁스를 발라서 스타일 하나

세팅하는 것도 힘들다. 손가락 하나에 이리 불편하다니…

그리고 조금은 심각하게 암이나 백혈병, 파킨슨병과

같이 중증으로 가서 치료가 힘들어지는 병에 걸렸을 경우에

좀 더 깊이 인생을 돌아보며 그동안에 당연히 했던 일이

얼마나 소중했던 일인지 깨닫는 계기가 되기도 한다.

지금 우리가 하는 모든 일들이 얼마나 빛나는 일인지

평소에는 알지 못하는 일을 우리는 몸이 아프거나

인생에서 어떤 것을 잃은 후에 깨닫는다.

너무 당연했던 손으로 먹은 식사… 화내면서

고장 난 에스컬레이터를 걸어서 올라간 일

영원할 것 같은 부모님에게 부린 억지투정
사소한 일로 고집부리며 와이프와 언쟁한 일
이 모든 것은 보통 일이고 우리에게
어쩌면 매일 일어날 수 있는 일이다.
하지만 몸이 아프고 평범한 걸 잃어버리면
그 모든 일이 기적이고 빛나는 하루라는 것을
깨닫는다… 우리는 어쩌면 빛의 속도로 가고 있는
이 찬란하고 멋진 인생을 어쩌면 너무 당연하다고
생각하며 지나가는 것 같다…
행복하자. 그리고 오늘을 살자… 이 멋진 날을…
다시 돌아오지 않고 우리는 한 치 앞도 볼 수 없다.

웃음의
마법

일전에 어떤 글에서 읽은 것인데

갑자기 생각이 나서 적어본다.

나의 첫 번째 목표는 부모님을 웃게 하는 것이고

두 번째 목표는 나의 아내를 웃게 하는 것이고

세 번째 목표는 아이들을 웃게 하는 것이고

네 번째 목표는 소중한 지인들을 웃게 하는 것이다.

이렇게 서로 웃는 사람들이 주변에 가득해진다면

나도 웃고 서로 웃고 모든 것이

행복해지는 웃음의 마법이 생기는 것이다.

각박해져만 가는 세상에서 내가 행복해지는

그것은 어쩌면 나의 소중한 사람들과 웃고 행복한 삶을

영위하는 그 작은 일상이 아닐까…

그런 생각이 드는 하루다…

지인들

2명은 날 어떤 이유로 좋아할 수 있고
6명은 나에게 관심이 없고
2명은 어떻게 해도 날 싫어하니
인생 사는 데 눈치 보지 마라.
인간관계라는 것이 나만 일방통행으로
잘해도 좋을 수 없고 또 때로는 관심도 없고
싫어할 수도 있다…

아침에
명상

좋은 음악과 명상은 나를 한 단계 위의 삶으로 이끌어 준다.
나는 클래식 음악을 들으면서 눈을 감은 후 악기 소리를
들으며 나를 반성하고 또 오늘 하루를 생각한다.
이 시간이 나에게는 나를 돌아보는 데 정말
큰 도움을 준다.
무언가를 해보라고 권하지 않는데…
처음으로 여러분에게 제안한다. 아침 시간에
여러 자극적인 유튜브 볼 시간 3~5분만 빼서
클래식 음악을 틀고 눈을 감은 뒤 자신에 대한
어떤 생각이라도 해보시길. 그 3분이 당신의 인생을
바꿀 수 있는 작은 초석이 될 수 있습니다.

새로운
관계

오래 살아보니 구관이 명관이라는 말도 맞지만
때로는 10년 지기 20년 지기보다 처음 본 사람들이
나에게 큰 도움을 주는 경험을 하게 된다.
새로운 관계나 만남을 두려워 말고
오래된 만남에 너무 기대하지 말라.
어차피 인생은 돌고 돈다…

달은 차면
기운다

힘든 일이 있어도 절망하지 말자.

얼마나 더 좋은 일이 있을까 생각하면서 준비하고

인생사 새옹지마를 믿으면서 정진하자.

청결

사람의 자체에서 풍기는 것은 풍채와 분위기에서
나오는 아우라 등이 있다.
하지만 몸이 깨끗하고 향기로운 냄새는 그 사람을
더욱 빛나게 해주는 묘약이다.
인간의 후각은 오감 중에 굉장히 발달된 감각이며
항상 청결하고 좋은 향기가 나는 사람을 싫어할 수는 없다.
몸을 청결하게 하는 것은 좋은 시작의 기본이다.

나의
가치

남에게 인정받는 것을 좋아하는 것은 어쩌면 사람의
본능이다. 이것은 남이 나를 어떻게 생각할까 하는 생각
즉 나의 가치를 남이 부여하는 것에 대한 만족이다.
하지만 그런 생각이 너무 강해지면 나의 인생을 남의
눈치만을 보고 살게 된다.
나의 가치를 내가 부여하고 내가 원하고 좋아하는 일을
하면서 그것을 더욱 발전시키고 시간을 투자한다면
자기만족이 생긴다. 물론 그것이 남을 위한 일이 아니라도
피해만 주지 않는다면… 자기만족이 충만할 수 있다…
그리고 그 가치를 남이 알아주지 않아도
일단 내가 좋아야 내 인생이 즐겁다.

믿음

믿음과 신뢰는 중요한 언어이고 관계에서 중요한

부분이지만 신뢰한다고 해서 모든 것을 보여주고

비밀을 이야기한다면 가슴 아프게도

내가 보여줬던 비밀과 치명적인 약점은

나를 위협하는 도구가 될 수 있다.

왜냐하면 영원한 인간관계는 없으며 불멸의 관계는 없기 때문이다.

그렇기 때문에 믿음과 신뢰를 쌓기 위해

굳이 보여주지 않아도 되는 비밀이나 약점을

드러내고 이야기하는 것은 도리어 나에겐 독약이 된다.

그리고 나의 모든 것을 다 이야기한다고 믿음이

생기는 것은 아니다.

지금은 맞는데 그때도 맞을까?

배려

배려라는 것은 사소한 것부터 시작이 된다.

그것이 쌓여가면서 그 사람의 인격이 된다.

뭔가 큰 것을 도와주고 돈을 기부하는 등의

큰 배려나 큰 기부가 아닌 사소한 일

그리고 작은 양보처럼 쉬운 일부터 시작하면

1년 뒤 3년 뒤에는 나는 지금보다 더 큰 매력적인

사람이 될 것이다.

목표

목표는 작고 쉬워야 도전할 수 있다.

너무 높고 위대한 목표는 시작과 동시에

사라지거나 의지를 꺾어버려서 끝까지 도달할 수 없다.

그래서 목표는 작고 실천 가능한 것을 여러 번 성공한 후

조금씩 늘려가는 방법이 좋다.

들어주는
것

힘들고 지친 사람에게는 조언도 좋지만 어떨 때는

그 사람에게 어떤 조언이나 충고보다는

그냥 계속 들어주면서 호응해 주는 것이

그 사람을 도와주고 숨 쉬게 해주는 방법이다.

그래, 네 잘못이 아니야.

그래, 그럴 수 있어.

그래, 맞아.

그래, 넌 할 수 있어.

그래, 걱정하지 마. 지금도 최고야.

그래, 이미 넌 목표에 다 왔어.

그래.

실수의
힘

실수는 누구나 할 수 있는 성공의 지름길이다.

길을 가다가 읽은 좋은 글귀를 인용하자면

우유를 상하게 하는 실수가 있어 요거트가 되고

요거트를 더 상하게 하는 실수가 치즈를 만들었고

포도 주스가 상하면 와인이 된다.

알렉산더 플레밍은 우리를 혁신적으로 살릴 수 있는

페니실린을 세균 배양하다가 방치하는 실수로 만들었다.

이렇듯 무엇인가 실행을 하고 그 뒤에 한 우연한

실수는 새로운 것을 만들어 내는 마법의 힘이다.

우리는 이런 실수의 힘으로 성공을 경험하기 위해

무엇이든 지금 시작해야 한다. 누가 아는가.

당신에게도 실수의 힘이 큰 성공을 가져다주는 기적을

만들어 줄지…

죽음을
앞둔 이의 글

삶에 대한 글을 보던 중 죽음을 앞둔 분들의

글은 보통 글과는 다르다.

모든 걸 내려놓고 마지막을 기다리는 그들의 마음은

마치 오래전 선인이나 현인의 글과 비슷하다.

인생의 마지막에서 그들이 느끼는 인생에서

중요한 것 그리고 물질과 행복의 중용

그래서 가끔은 임종을 앞둔 분의 글을 읽으면

내가 치열하게 살면서 잊고 지냈던

중요한 것들을 다시 일깨워 준다.

사람이 마지막임을 알고 쓰는 글은…

어떤 석학의 이야기보다 뛰어난 책인 경우가 많다.

인연

아무리 좋았던 사람이나 즐거운 관계도 변하고
또 영원한 것은 없더라… 그러니 기대하지 마라…
이미 지나간 것에서 다시 좋은 것을 일부러 찾으려고
하면 찾을 수 없을 것이고 스스로 지나간 것을 아쉬워
하면서 잡으려고 하면 그대만 힘이 든다.
그대가 좋은 사람이 되어 운명적으로 좋은 만남을 기다리면
언젠가는 또 좋은 인연이 올 것이다.
그러니 그대가 먼저 좋은 사람이 되어 있으라…

지금은 맞는데 그때도 맞을까?

소중하고
편한 사람이란

편하고 소중한 사람에게 편하다고 막 대하는 것은
세상에서 가장 바보 같은 일이다.
소중한 사람에게는 오히려 더욱 예의를 갖추고
진심을 다하여 아끼고 보살펴야
그 소중한 인연이 오래가는 것이다.
어쩌면 우리는 엄마니까 이해해 주겠지.
베스트 프렌드니까 이렇게 이야기해도 되겠지.
부부 사이에 뭘…
우리는 이처럼 편한 사람들에게 얼마나 많은
실수와 막말을 하는 걸까… 편하고 내 편이라는 생각으로
오늘부터 가장 편하고 소중한 사람에게 예의를 지켜보자.
그럼 그 관계는 더욱 빛날 것이다.

회사에서
실수한 사람

단 한 번도 패하지 않은 장수는 없다.

그러므로 왕은 패배한 장수를 진심으로 품어

더 큰 일을 할 수 있도록 키워줘야 한다.

다만 똑같은 실수나 패배를 반복한다면

그 용서와 배려로 인해 전체가 독버섯같이 퍼질 수 있으니

반드시 도려내야 한다.

추억

여러 가지 물질적인 선물을 받으면 그때는 너무 소중하고

행복하지만 시간에 따라 그것은 희석되고

낡고 필요 없어지는 상황이 벌어지지만

사람과 사람 사이에는 추억이라는 소중한

기억의 선물이 있다.

좋은 추억은

평생 그 기억의 향기와 잔상으로

행복이 배가 되어지는 것 같다.

오늘도 시간에 흐름에 따라서 일부러 만들지 않은

추억이 한 장 한 장 내 마음에 스며든다…

그리고 그것은 지금은 아무것도 아닌 일이지만

미래의 어떤 날에는 정말 소중한 기억의 선물이 되리라…

좋은
것

세상에 좋은 것 여러 가지 있지만⋯

오늘은 문득 이런 생각이 든다.

서로 좋아하는 사람과

좋아하는 음식을

좋아하는 음악을

좋아하는 운동을

좋아하는 풍경을 보면서

좋아하는 이야기를

나눌 수 있다는 것

그것이 참 좋은 것이라는 생각이 든다.

오늘도 음악을 틀고 소소한 음식에

일반적인 이야기를 나눌 수 있는 사람이 있어 너무 좋다.

기회

기회라는 것은 왔을 때 잡지 않으면

언제 다시 언제 만날지 모른다…

하지만 기회는 준비되지 않은 자에게는

스치는 바람 같은 것이다.

기회가 올 때 그 기회를 잡을 수 있도록

준비하고 연마하고 놓치지 않아야 한다.

인생 출발점이 다르다고 해서 불평하지 마시길.

기회는 준비가 되어 있다면 언제나

여러 가지 얼굴로 찾아오고 알고 준비된 만큼

기회의 폭이 커진다.

태어날 때 가난한 것은 그대 잘못이 아니지만

인생의 마지막 날에 우울한 것은 그대의 잘못이라

했던 한 구절이 생각나는 하루다…

관계

상처를 받지도 상처를 주지도 않는 관계

그런 개인적인 관계가 가장 좋다고…

적당한 거리를 두고 사는 것이 가장 좋다고…

형제도 친구도 가족도 적정선을 지키는 것이 좋다고…

40을 넘어 살다 보니 그런 선이 보인다.

관계의 중용을 찾아 그렇게 살아가자…

나는
아니겠지

가끔 나는 망각한다…

나는 늙지 않겠지…

나는 큰 병 안 걸리겠지…

나는 투자하면 최소한 잃지는 않겠지…

나는 운전 사고 나는 게 이해가 안 되는데…

우리는 대부분 이런 식으로…

그렇게 되지 않는다는 착각에 빠져서

살아갈 때가 있다… 운명은 아무도 모르고 하루아침에

수십 개의 악재가 다가올 수도 있다…

인생에서 나는 예외가 아니다…

나도 그럴 수 있다고 생각해야 한다.

창조

창조를 하는 것은 매우 힘들고
또 무에서 유를 창조한다는 것은
생을 마감할 때까지 이루지 못할 수도 있다.
창조는 자신만의 생각이 아닌 모든 환경과 운
그리고 끊임없는 생각의 전환 속에서 우연하게
나오는 것이다.
그리고 창조하려면 발상의 전환도 필요하다.
핸드폰은 자동차다… 이런 말도 안 되는
생각의 전환과 발상이 새로운 창조의 힘이 된다.
관점의 변화를 가지고 사물을 바라보자…
그것은 혁신의 힘이다.

관계를
이어간다는 것

세상은 혼자가 아니다. 사람과 사람의 관계를 이어가는 것
서로서로 공존해서 사는 것, 혼자는 살 수 없다는 것
모두 맞는 이야기이다. 나는 이야기하는 걸 좋아하고
사람 만나는 걸 참 좋아하고 그에 대한 매개체는
항상 술이었다. 담배는 끊어도 술은 끊을 수는 없다라는
신기한 신념을 가지고 있었다. 그런데 요즘에는 그런 신기한
신념이 조금씩 흔들린다는 표현보다는 놔줘야 하는
시기가 온 것이 아닌가 싶다…
젊은 시절에는 시간이 많았는데 40대가 넘어가면서 자꾸만
시간이 이렇게 부족하고 할 일이 많은 걸까를 느낀다.
술을 마시고 즐겁게 이야기 나누고 사람과의 관계를 맺으며
사는 것을 가장 좋아했던 나인데…
이제는 그것보다는 나에 대한 객관화와 좀 더 발전적인
삶에 대한 무게 중심으로 옮겨가는 느낌이다.
물론 지금도 내가 좋아하는 이들과 식사하고 술 한잔하고
담소를 나누는 것은 즐거운 일이다. 그러나
이제는 내가 하는 사업 그리고 책을 쓰는 것 운동하는 것

유튜브 콘텐츠 만들고 드론을 배우고 대학원 공부 하는 것
아이들이 커가는 모습을 지켜보며 대화 그리고
가족에 대한 생각이 더욱 많아져 시간이 허락하지
않음을 느낀다. 이제는 젊은 시절보다 더 배우려고 하고
운동을 하려고 한다…
이제는 그 좋아했던 사람과의 관계를 이어가는 것
그리고 그 매개체였던 술을 조금씩 놔주려고 한다.
또 언젠가는 그 시간으로 돌아갈 수는 있다.
하지만 한동안… 그 시간이 언제까지 될지 모르지만.
나는 술과 관계를 놔주고 지금 내가 해야 하는 일에 대한
집중을 더욱 하고 싶은 시기가 온 것 같다.

청개구리

건강검진 대장 내시경 하기 1~2일 전부터

왜 이리 먹지 말라는 음식을 먹고 싶은 건지

매콤한 라면이 먹고 싶고 삼겹살에 상추쌈이 간절하다.

갑자기 시원한 맥주에 바싹 튀긴 치킨이 땡긴다…

참, 하지 말라는 것을 더 하고 싶은 것이

사람의 본성인가 보다…

하지 말라면 더 하고 싶은 이 욕구는 무엇일까.

근데 한 가지 크게 궁금한게…

청개구리가… 왜 하지 말라는 것을 하는 대명사가

된 것인지… 아는 사람???

부자의
종류

세상의 부자는 많다. 딸부자, 아들부자, 땅부자, 현금부자
건물주 등 여러 부자들이 있고 부자라는 기준은 환경마다
사람마다 기준점이 다른 듯하다.
나는 작은 업을 20여 년을 집중해서 했다. 그리고
성실과 운이 좋아 어느 정도 위치에 올라왔다.
그러나 사업으로 얻은 작은 부는 가치로 따져보니 중요하지만
핵심적이고 큰 것이 아니라는 생각을 하게 되었다.
나는 진정한 부자는 시간 부자라고 생각한다.
시간 부자는 내가 무엇인가를 구속받지 않고
할 수 있으며 배울 수 있고 어디든 갈 수 있으며
내가 정말 좋아하는 것을 할 수 있다. 그리고 그 시간을
잘 이용하면 나는 한 단계 더 높은 삶을 영위할 수 있고
더 큰 부를 불러올 수 있는 힘을 가지고 있다고 믿는다
지금은 난 시간 부자가 되려고 노력한다.

외로움

외로움에 익숙해져야 하는 시기가 온다.
친구도 가족도 자식도 직원들도
어느 순간에는 나의 외로움을 채워줄 수 없는
시기가 온다. 그 고요한 시간이 왔을 때
우울감이나 외롭다는 생각에 자신을 왜 그리 살았냐고
내몰 필요가 없다. 40 중반이 넘으면
시간 차가 있지만 누구나 겪는 시기가 온 것이다.
그 시기를 받아들이고 그 외로움을 즐길 줄
알아야 인생의 평범 속에서 즐거움을 찾을 수 있다.
일부러 외로움을 피해 가려고 맞지도 않는 모임을
나가고 쓸데없는 말을 많이 하게 되면
더 허무함이 채워지고 구설수에 오르게 된다.
우리는 행복하기 위해 외로움과 친해질 필요가 있다.
외롭다고 나쁜 것이 아니다.

깊은 수렁에서
나오는 방법

사람이 살다 보면 신기하게도 깊은 수렁에
자의든 타의든 간에 빠지는 순간이 한두 번은 올 것이다.
일단은 그런 상황을 만들지 않는 것이 가장 좋은 방법
이지만 세상은 우리가 바라는 대로 되지 않는다. 만약에
깊은 수렁에 빠졌다면 나는 일단 스스로에게 읊조린다.
나는 괜찮다, 나는 괜찮다, 나는 괜찮다. 그리고 최대한
빠르고 냉정하게 현 상황을 정의한다. 그리고 이런 깊은
수렁은 한 번에 해결이 안 되는 것을 인정하고 지금
내가 할 수 있는 부분과 아프지만 포기해야 하는
부분을 결정한다 그리고 아프지만 잘못이 있다면
잘못을 인정하고 한 번에 해결하지 말고 하나씩 지금
할 수 있는 일을 아주 작지만 찬찬히 해결을 한다. 그러나
만일 이런 수렁을 빠르고 한 번에 해결하려고 정공법이
아닌 다른 편법이나 거짓을 생성하는 순간 그 깊은 수렁은
더 깊은 늪이 되어 나를 다시는 놔주지 않는다.
세상에서 정공법보다 좋은 방법은 없다.
지금 수렁에 빠진 자여…

스스로에게 다짐하고 바로 시작하라.

아무리 깊은 수렁도 내가 무너지지 않고

정신이 살아 있다면 모든 문제에는 해답이 있다.

그래서 우리 조상들이 이야기하지 않았던가.

호랑이에게 물려 가도 정신만 차리면 살 수 있다…

해답

세상에는 행복한 인생을 만드는 방법

부를 부르는 방법, 건강을 지킬 수 있는 방법

지치고 힘들 때 일어날 수 있는 방법

실패를 이겨내는 방법 수많은 지식과 해답을 가진 책과

명언 그리고 강연들이 많다.

예전에 저 사람들은 저 좋은 방법과 해답을 왜

혼자만 알고 있지, 왜 다른 사람들에게 전파를 하지

경쟁자가 생기는 것 아닌가 하는 어린 생각이 있었다.

그런데 그분들은 하나같이 똑같은 말을 한다.

아무리 알려줘도 듣고 읽고 행동하지 않는다고

시작에 내일은 없다. 지금 바로 시작하라…

요지경
심보

나쁜 것을 하지 않으면 되는데 사람은 요지경 심보가 있다.
술을 먹으면서 컨○○ 먹으며 건강은 지키고 싶어 하고
담배를 피우면서 좀 더 건강하겠다고 전자담배나
니코틴 양을 계산한다.
기름진 음식은 몸에 좋지 않은 걸 알면서 여름날 치맥을
먹으면서 맛나게 먹으면 다이어트 되고 몸에 좋은 거란다.
탄산이 나쁜 걸 알지만 제로는 포기 못 한다.
우리는 나쁜 걸 알면서도 조금이라도 스스로 안도를
하기 위해 수많은 이유와 명대사로 자신의 일을 정당하게
합리화한다. 참 요지경 심보이고 그래서 사람인가 보다.

조급한 나에게
쓰는 편지

조급한 나에게 편지를 쓴다… 찬찬히 가자. 마음이
급하다고 해서 그것이 해결되지는 않는다.
내가 할 수 있는 일을 하고 결과를 기다리자. 어차피
결론은 시간의 흐름에 따라 나온다. 마음을 졸이면
모든 일이 더 조급해지고 사족이 더해져서 다른 일까지
악영향을 받는다. 그냥 내가 하고자 한 목표가 이루어진다고
믿고 계획한 대로 살면 된다. 그리고 이미 일어난 일을
되돌릴 수는 없다. 그것이 새로운 태양마저 어둡게 만들게
만들지 말자. 오늘을 살자. 새로운 태양이 떠오른 오늘
다시 태어난 것처럼… 너는 할 수 있다…

지금은 맞는데 그때도 맞을까?

술에 대한
개똥철학

술자리는 항상 기분 좋은 일만 이야기한다.

심각한 이야기는 술을 먹지 않고 한다.

술자리에서 남을 험담하지 않는다.

술자리에서 약속을 하지 않는다.

술을 먹을 때 술보다 물을 더 마신다.

술자리에서는 상대방 이야기를 들어준다.

술자리에서는 더욱 욕을 하지 않는다

싸움이 일어나려고 하면 술 마신 상태에서는 무조건 피한다.

언쟁이 될만한 소재로 이야기를 하지 않는다.

술 먹고 자신의 물건을 안전하게 챙겨라.

덕담을 하고 서로의 힘을 돋아준다.

친하거나 가족과 하는 술자리에서는 더욱 말조심을 한다.

마시는 것보다 말을 하고 듣고 즐겨라.

주는
기쁨

새벽에 찬찬히 걸으면서 조용히 산책을 하면
여러 가지 생각을 정리할 수 있는 시간이 된다. 그 시간은
아무도 간섭 없는 혼자만의 시간이 된다.
나는 이렇게 걸으며 떠오르는 태양을 보고
감사함을 느낀다. 그리고 현재의 감사함과 함께 나에게
소중한 사람들에 대한 생각을 한다. 이분은 귤을 참 좋아
하는데 엄마는 오징어를 좋아하는데 이 친구는 참치 캔에
밥을 비벼 먹는 걸 좋아하는데 하면서 여러 가지 주변 사람들이
좋아했던 기억을 상상하며 기회가 될 때 보내줘야겠다,
생각을 한다. 그리고 이 사람들이 웃는 모습을 상상한다.
그럼 내가 무언가를 가졌을 때보다 더욱더 행복한 마음을
가지게 된다. 무언가를 나누고 그 사람이 행복한 생각을
하면 나는 참 기분이 좋고 그날 하루는 행복으로 시작한다.

인생의
그릇

어린 나이가 아닌 지금 40 중반의 나도 내가 가진
능력이나 그릇보다 조금이라도 큰 성공이나 부가 들어오면
항상 넘치고 더 큰 실수가 생기는 것을 여러 번 경험하였다.
사람은 그래서 자기 분수의 그릇이 있는 것이고
자신의 그릇을 알고 욕심을 부리지 말아야 한다.
자신이 가진 그릇보다 큰 성공은 언제나 화를 가져온다
그렇기에 자신을 항상 발전시키고 조심하고 겸손해야
큰 성공 뒤에 화를 피할 수 있다.
그래서 나는 나의 자식들이 소아 시절에 공부를 잘하거나
특출난 능력으로 너무 큰 성공 하지 않고 작은 성공과
작은 실패들로 자신들의 삶의 그릇을 조금씩 스스로 키워
나가길 바란다. 어쩌면 지금 그들이 하는 실패와 실수는
그들이 할 수 있는 최고의 공부가 될 것이다.

각자도생

요즘 각자도생이라는 말을 자주 쓴다.
그만큼 사람과 사람 사이가 예전보다는
조금 더 개인적이며 스스로 혼자 있는 시간이
많아지는 것을 느낀다.
그러나 혼자 해낼 수 있는 일이 있고
또 함께해야 할 수 있는 일이 있다.
혼자라면 빠르게 작은 목표를 이룰 수는 있지만
거대하고 오랫동안 이뤄야 하는 큰 목표는
좋은 파트너 또는 친구와 함께 같은 곳을 향해
걸어갈 때 포기를 하지 않고 갈 수 있는 가장 좋은 방법이다.

변화와 적응
그리고 변하지 않는 것

생각지도 못한 병을 얻게 되어 큰 수술을 하고 나서
의사의 말을 들었다. 심각한 상황이며
너무 급한 상황이라서 긴급 수술과 함께 이제는
경과를 지켜봐야 한다고 한다.
준비하지 못했던 병과 수술 그리고 여러 가지
인생의 악재들이 동시에 왔다.
정해진 시간마다 와서 회진 도는 의사분들도
조금 심각해서 지켜봐야 한다는 이야기만 하고
혹시나 간호사들에게 물어도 자신들은 잘 모르는데
워낙 안 좋게 왔다고만 들었다고 이야기를 피했다.
루틴대로 항생제와 링거 무통주사 교체 그리고 회진
이렇게 시간이 흐르는 동안 내가 할 수 있는 것은 일단 멍하게
이게 무슨 일인가… 하다가 천장 덕트의 구멍 수를 세는 일
그리고 며칠이 지나면서 조금씩 움직이는 방법을 알게 되어
팔에 꼽힌 수많은 바늘들을 달래는 요령이 생기면서
나와 비슷했던 사람들의 수기나 치료방법 최악의 상황 등을
유튜브와 인터넷으로 검색하였다. 그리고 나서 혼자

여러 생각의 감옥에 갇혀서 너무 답답한 시간이 지나갔다.

왜냐하면 의사분들은 정확하게 답을 줄 수 있는 상황이 아니었고

해답은 여러 가지 변수 속에서 시간이 지나 봐야 아는

것이기 때문이었다. 이것은 나에게 멈춤이라는 시간을 주었고

나의 인생의 소중하고 진정한 부분이 무엇인지…

그리고 내가 사는 인생의 목적이 무엇이었는지…

가족 그리고 항상 당연시해 왔던 모든 것에 감사함을 다시

느끼고… 얼마나 내가 자신을 돌보지 않고 오만하고 당연하게

살았는가를 스스로 회개하였다.

그리고 성공이라는 무형의 작은 기준점을 향해 무리하게

이끌어 온 나의 몸을 보고 반성하며 예전의 건강한 나로

돌아간다면 나는 절대로 이렇게 살지 않고 욕심을 버리고

새로운 삶에 감사함을 가지고 살겠다는 다짐을 했다.

약 두 달간의 치료와 간절한 마음으로 몸은 서서히

회복이 되어갔다. 그렇게 퇴원을 하고 매주 진찰을 간다.

나는 또다시 예전의 내 모습으로 돌아가고 있음을 느낀다.

하늘에서 내려준 깨달음의 기회를 잊고 다시 내가 세운

성공의 기준점을 향해 달려가려고 한다. 소리 죽여 울면서

건강을 다시 되찾는다면 돌아오지 않는 이 시간을 소중하게

쓰겠다고 다짐하지 않았는가? 그렇게 간절했던 마음을 잊었는가?

나는 또다시 나의 그 상황을 조금씩 망각하고 다시 기존에 탔던

내릴 수 없는 인생의 급행열차에 몸을 실으려고 준비하고 있다.

지금은 맞는데 그때도 맞을까?

사람은 정말 변하지 않는 것 같다… 그리고 또 그 상황에
너무나도 적응하고 또 변화하는 것 같다. 하지만 움직이지도
못했던 4박 5일간 병상에서 했던 생각을 잊지 말기를… 하늘에서 준
경고이고 천운의 기회니까… 또다시 익숙함에 속아서
소중한 것을 잊으면 안 된다… 그때는 울어도 소용없다.

세상에서
유일한 것

시간이 흘러서 뒤를 돌아보니…
세상에서 유일하게 내가 아무것도 하지 않아도
늘어나는 것이 있다.
그것은 나이와 늙음이라는 끝없이 흐르는
시간에 따라서 다가오는 것이다.
우리는 우리에게 주어진 시간이 한정되어 있으면
우리의 삶의 끝이 있다는 것을 인지하고 살아야 한다.
매일 100점짜리 인생을 살 수는 없지만
우리의 유한한 삶을 조금은 값지게 살기 위해
하루하루를 소중하게 생각하고 감사하게 살아야 한다.
지금 이 글을 쓰는 시간에도 너무 감사한 생각에
너무 행복하다.

화

세상을 살다 보면 화를 내는 경우의 수는
무궁무진하다. 그중 특히 나는 운전 중에 화를
내게 되는 경우가 종종 있는데. 너무 깜짝 놀라거나
운전 예의가 정말 없는 경우에는 나도 모르게 화와 함께 욕을
하게 되는 경우가 있는데 와이프가 하루는
지금 여기서 욕하면 스스로에게 욕하는 것밖에는
안 되는데 왜 굳이 그러냐고 했다…
저 사람은 들리지도 않고 그냥 가는 길 간다고…
뭐라고 반박할 수 없는 논리이자 사실이었다…
화를 내면 대부분 나만 손해다. 그리고 화라는 것은
상대방이 받아주지 않으면 오롯이 내가 듣고
내 몸에 독만 쌓인다. 좋은 하루를 망치기 싫다면 화와 욕이
아닌 그래, 넌 그리 살아라 하고 무시해 버리는 것이
나 자신에게 훨씬 좋은 명약이 될 수 있다.

·

잊어야
할 것

삶의 중반을 넘어가면서 나도 조금은 선배 축으로 들어서고
연봉도 조금은 높아지고 어린 후배들이나 조카 그리고
다른 높고 낮음의 주변 지인들이 여럿 생긴다.
나는 어느 순간부터 누군가에게 무언가를 해주고
잊어버리는 습관이 생겨버렸다.
심지어 내가 그 사람에게 식사를 언제 샀는지 기억을
못 했는데… 다음에 만나서 그날 잘 먹었다는 이야기에
내가 밥을 샀었나 하고 놀라는 경험을 종종 하게 된다.
이렇게 누군가에게 좋은 마음으로 무언가를 주거나
사주었다가 잊어버리면 마음이 너무나도 편해진다.
하나를 주었으니 하나를 받아야지 하는 마음으로
누구를 만난다면 사람의 마음이 너무 협소해지고
조급해질 수밖에 없다… 인생의 중반이 넘어간다면
베풀고 잊어버리는 것 그것이 행복의 시작이다.

오래된
벗

나는 친구라는 단어를 너무 좋아했고
사람을 사귀는 것을 너무 좋아했다. 졸업을 기점으로
결혼하고 애를 키우고 또 회사 업무에 치이고
사는 곳이 달라지고 업무가 달라지고
또 차가 다르고 집이 다르고 또 연봉이 달라진다.
그리고 각자 위치에서 살아가면서 그 위치에 맞게 고민을
하고 가치관이 생성된다. 가끔 시간이 돼서 보는 친구들
또는 지인들은 이제는 생각도 많이 다르고 또 사물이나
사건을 보는 시각도 너무 달라짐을 느낀다. 오래된
벗이지만 시간에 따라서 서로 변하게 되는 것
이 또한 삶의 한 부분이겠지… 그러나 그럼에도 불구하고
나는 아직도 그들과 함께함에 감사하다. 젊은 날의 불같은
의리와 열정은 아니라도 건강하게 안부를 묻고
식사하며 이야기할 수 있는 우리가 되길 바란다.

탐욕의
끝

거울을 보라… 그 추잡하고 늙어버린 아무것도 없는
쭈글쭈글한 자신을… 젊음이라는 소중한
에너지를 어느 가치에 소비했는지…
그리고 돌아오지 않는 시간이 어디에 매몰되었는지
자신의 이야기를 들어줄 누군가 1명이라도 있는지
물욕, 욕심, 탐욕은 모든 감정 중에 사람이 중독되면
안 되는 매우 위험한 감정들이다.
항상 자신의 주변과 지금의 것에 감사한 마음으로
하루하루를 행복하게 살자…
그것이 인생의 행복이고 축복이다.
지금 불어오는 바람, 햇빛, 사랑스러운 아이들을 보라…
얼마나 찬란하고 행복한 시간인가…
감사합니다.

지금은 맞는데 그때도 맞을까?

내일도
해가 뜬다

〈사노라면〉이라는 노래를 듣다 보면

내일도 해가 뜬다라는 구절이 반복되어 나온다.

젊은 시절 술 한잔하고 노래방 가서 내일은 해가 뜬다~

목이 터져라 불렀던 기억이 있다.

요즘 나이가 들어 새로운 내일이 있고 그날의 새로운 해가

뜬다라는 건 정말 세상이 준 축복이라는 생각이 든다.

하루가 끝이 나지 않는다면 새롭게 시작할 수 있는

다음 날의 새로운 태양을 볼 수 없다.

그러나 우리는 매일 새로운 해를 볼 수 있다.

그 해를 보며 새로운 다짐을 할 수 있고

새로운 마음으로 또 하루를 도전할 수 있다…

우리는 이렇게 새롭게 시작할 수 있는 기회를 매일 받는

축복을 가지고 있다.

이 책을 완독을 하셨거나 유치하고 재미가 없어서

미리 맨 뒷장을 펼친 모든 분들에게

감사함을 전하며 맨 마지막 장에 그대에게

작은 쪽지를 전합니다.

지금 그대는 이미 빛나는 삶을 살고 있고

언제나 행복이 가득할 겁니다.

혹시라도 지금 어둡고 긴 터널의 우울한 마음이나 근심들

같은 부정적인 것들이 눈앞에 있다면 그 모든 것은

모두 시간과 함께 지나가고 더 큰 행복의 거름이 될 것입니다.

당신은 멋지고 행복한 인생의 주인공임을 믿습니다.

그리고 그것은 지금도 맞고 그때도 맞을 겁니다.

고맙습니다. 행복한 하루 되세요.